Viviane Forrester

Der Terror der Ökonomie

Aus dem Französischen
von Tobias Scheffel

Paul Zsolnay Verlag

Titel der Originalausgabe:
L'horreur économique
Librairie Arthème Fayard, Paris 1996

1 2 3 4 5 97 98 99 00 01

ISBN 3-552-04849-9

Satz: Filmsatz Schröter GmbH, München
Druck und Bindung:
Friedrich Pustet, Regensburg
Printed in Germany

»An manchen Abenden …
entronnen den Schrecken der Ökonomie …
erschauert er, sieht er die Horden
der wilden Jagd vorüberziehn …«

ARTHUR RIMBAUD, *Illuminationen*

»Man darf (das Volk) die Wahrheit der Usurpation nicht merken lassen, sie wurde einmal ohne Begründung gegeben, sie ist vernünftig geworden; man muß sie als maßgeblich, ewig betrachten und ihr Herkommen verbergen, wenn man nicht will, daß sie bald ende.«

BLAISE PASCAL, *Über die Religion und über einige andere Gegenstände, V. Die Gesetze, Fragment 294*

I

WIR LEBEN im Zeichen einer meisterhaften Täuschung: des Trugbildes einer untergegangenen Welt, deren Verschwinden wir mit aller Kraft zu ignorieren suchen, die eine artifizielle Politik aber zu erhalten vorgibt. Millionen Schicksale werden von einem Anachronismus zugrunde gerichtet, nur weil wir beharrlich versuchen, unser heiligstes Tabu für immer zu bewahren: das Tabu der Arbeit.

In ihrer pervertierten Form als »Beschäftigung« bildet die Arbeit tatsächlich die Grundlage der den ganzen Planeten beherrschenden westlichen Zivilisation. Sie ist derart unauflöslich mit ihr verbunden, daß selbst in einer Zeit, in der die Arbeit immer mehr schwindet, ihre tiefreichende Verwurzelung in unserer Zivilisation nie in Frage gestellt, die Gewißheit ihrer Existenz nie erschüttert wird – erst recht nicht ihre Notwendigkeit. Bestimmt nicht die Arbeit all unsere gesellschaftlichen Verteilungsprozesse und damit unser Überleben? Die Verflechtungen und Wechselbeziehungen, die aus ihr entstehen, erscheinen uns ebenso lebensnotwendig wie der Blutkreislauf. Die Arbeit, die wir als unsere natürliche Antriebskraft ansehen, als die einzige uns gemäße Spielregel für jene kurze Zeitspanne, die wir auf diesem seltsamen Planeten verbringen, ist heute jedoch nur noch ein hohles Gebilde ohne jede Substanz.

Unsere Vorstellungen von der Arbeit und damit auch von der Arbeitslosigkeit, auf denen die Politik basiert (oder zu basieren vorgibt), sind brüchig geworden und unsere Kämpfe auf diesem Feld genauso wahnhaft wie die von Don Quichotte gegen die Windmühlen. Aber wir stellen noch immer dieselben Scheinfragen, auf die es keine Antwort geben wird; es gibt nur das Unglück all derer, die durch dieses Schweigen vernichtet werden – man vergißt dabei, daß jeder von ihnen ein Einzelschicksal darstellt. Diese ebenso vergeblichen wie beängstigenden, längst sinnlos gewordenen Fragen bewahren uns aber vor einer noch schlimmeren Angst: der Angst vor dem Untergang einer Welt, in der man solche Fragen noch stellen konnte. Eine Welt, in der die Begriffe mit Realität gefüllt waren, ja sogar eine Realität begründeten. Eine Welt, die uns noch immer umgibt und der wir sehr eng verbunden sind, ob wir von ihr nun profitiert haben oder unter ihr leiden mußten. Eine Welt, deren letzte Reste wir zermalmen, gerade indem wir uns eifrig bemühen, Lücken zu schließen, Löcher zu flicken und Ersatzteile für ein nicht nur zusammengebrochenes, sondern vollständig überholtes System zu basteln.

In was für einer Illusion hält man uns gefangen, wenn man uns von Krisen erzählt, die wir am Ende überwinden würden? Wann wird uns endlich bewußt, daß es sich nicht um »Krisen« handelt, sondern um eine fundamentale Veränderung – und zwar nicht die einer einzelnen Gesellschaft, sondern die brutale Veränderung einer ganzen Zivilisation? Wir erleben eine neue Epoche, ohne daß wir die Chance gehabt hätten, uns darauf einzustellen, ohne uns einzugestehen, ohne auch nur zu merken, daß die vorausgegangene Epoche verschwunden ist. Deshalb können wir ihren Verlust gar nicht betrauern, sondern verbringen unsere Zeit damit, die abgelebte Epoche zu mumifizieren, so zu tun, als sei sie noch immer gegenwärtig und höchst lebendig, während wir weiter die Rituale einer nicht mehr vorhandenen Dynamik vollziehen. Warum diese ständige Projektion einer virtuellen Welt, einer von fiktiven Problemen gequälten schlafwandelnden Gesellschaft – wo doch das einzige *wirkliche* Problem darin besteht, daß diese Probleme gar nicht mehr existieren, weil sie inzwischen zur Norm unseres von uns nicht akzeptierten Zeitalters im Übergang geworden sind?

Gewiß, auf diese Weise konservieren wir etwas, was zu einem Mythos geworden ist, und zwar zum erhabensten Mythos, den es gibt: dem Mythos, daß Arbeit der unverzichtbare Antrieb des privaten wie des öffentlichen Räderwerks unserer Gesellschaft ist. Verzweifelt führen wir gemeinsame Austauschbeziehungen endlos weiter, tief verwurzelte Gewohnheiten, genau wie eine Familie, die zwar zerrissen ist, aber ihre Traditionen weiter pflegt, um die Erinnerung an gemeinsame Erlebnisse wachzuhalten – immer auf der Suche nach Spuren eines gemeinsamen Nenners, eine Gemeinschaft, die zugleich Quelle schlimmster Zwietracht und übelster Schändlichkeiten ist. Man könnte hier von einer Art gemeinsamer Herkunft sprechen, von einer organischen Bindung, die so stark ist, daß wir jede Katastrophe, jedes Risiko der Klarheit und dem Begreifen der Niederlage vorziehen, um nicht der Tatsache ins Auge sehen zu müssen, daß unser Milieu ausgelöscht ist.

Derweilen experimentieren wir mit harmlosen Medikationen, verrotteten Arzneibüchern, grausamer Chirurgie und Transfusionen aller Art herum (die vor allem denjenigen zugute kommen, die gesund sind), mit pompöserbaulichen Reden, einem Repertoire des Schwulstes, dem tröstlichen Charme alter Leiern, die das erbarmungs-

und heillose Schweigen der Unfähigkeit übertönen; man hört versteinert zu, ist dankbar, von den Schrecken der Leere abgelenkt zu werden, und wiegt sich beruhigt im Rhythmus des vertrauten Geredes.

Aber hinter dieser ganzen Maskerade, hinter den amtlich sanktionierten Tricks, jenen vorgeblichen »Maßnahmen« zur Besserung der Lage, deren Wirkungslosigkeit bereits vorher bekannt ist, hinter diesem von allen hingenommenen Spektakel steht schweres menschliches Leid, das sich tief in die wirkliche Geschichte eingräbt, die aber immer vertuscht wird. Ein nicht aus der Welt zu schaffendes Leid der geopferten Massen – von einzelnen Menschen, die gequält und verleugnet werden.

Überall und ständig ist von »Arbeitslosigkeit« die Rede. Dieser Ausdruck ist heute jedoch seines eigentlichen Sinnes beraubt. Steht er doch für ein ganz anderes Phänomen als das, welches er zu bezeichnen scheint und das nicht mehr existiert. Man lenkt uns in dem Zusammenhang mit komplizierten, zumeist trügerischen Versprechen ab, die winzige Mengen an neuen Arbeitsplätzen in Aussicht stellen (die mit niedrigsten Löhnen verbunden sind); lächerliche Prozentsätze angesichts der Millionen von Individuen, die von der Beschäftigung ausgeschlossen sind und es noch Jahrzehnte bleiben werden. In welchem Zustand werden sie dann sein, sie, die Gesellschaft, der »Arbeitsmarkt«?

Tatsächlich ist immer wieder mit fröhlichen Betrügereien zu rechnen, wie etwa dem Trick, der mit einem Schlag 250 000 bis 300 000 Arbeitslose aus den Statistiken herausgenommen hat, indem all diejenigen aus der Statistik gestrichen wurden, die mindestens 78 Arbeitsstunden im Monat arbeiten, also weniger als zwei Wochen (und zwar ohne Absicherung).* Darauf muß man kommen! Erinnern wir auch daran, daß das Schicksal der hinter den Zahlen der Statistiken verborgenen Körper und Seelen völlig gleichgültig ist – allein die Art der Berechnung zählt. Nur auf die Zahlen kommt es an, auch wenn sie keinerlei realen Zahlen, nichts Lebendigem, keinem Resultat entsprechen, auch wenn sie nichts anderes als die Vorführung eines Schwindels sind. Reine Eulenspiegelei! Einige Monate zuvor hatte eine andere Regierung siegreich aufgejubelt und sich stolz in die Brust geworfen: Hatte die Arbeitslosigkeit etwa abgenommen? Nein, gewiß nicht. Im Gegenteil, sie war weiter angestiegen – nur weniger schnell als im Vorjahr!

Während man so das Publikum unterhält, haben Millionen von Menschen, ich sage wirklich *Menschen* (das nur nebenbei) für eine unbestimmte Zeitspanne, die vielleicht allein durch ihren Tod begrenzt wird, nur einige wenige Rechte: das Recht auf Elend oder auf mehr oder minder baldiges Elend, häufig das Recht auf den Verlust eines Daches über dem Kopf und auf den Verlust jeglicher sozialer Achtung und jeglicher Selbstachtung; außerdem auf eine unsichere oder gescheiterte Identität. Und das Recht auf das schmählichste aller Gefühle: die Scham. Denn jeder sieht sich als gescheiterter Meister seines eigenen Schicksals (dazu wird er noch ermuntert), wo er in Wirklichkeit doch nur eine vom Schicksal geschlagene Ziffer in einer Statistik ist.

Es sind Massen von Menschen, die allein oder in der Familie darum kämpfen, nicht zu verkommen oder zumindest nicht allzu sehr und nicht allzu schnell. Ohne die Unzähligen am Rande mitzurechnen, die Angst ha-

* 1. August 1995.

ben und mit dem Risiko leben, in den geschilderten Zustand abzugleiten.

Nicht die Arbeitslosigkeit für sich genommen ist das Verhängnisvollste, sondern das Leid, das sie hervorruft und das zum großen Teil daraus resultiert, daß der Begriff nicht mehr dem entspricht, was er charakterisiert; der Begriff »Arbeitslosigkeit« vermittelt etwas, was zwar nicht mehr gilt, aber noch immer ihren Status bestimmt. Das *gegenwärtige* Phänomen Arbeitslosigkeit entspricht nicht mehr dem, was das Wort bezeichnet – das aber wird nicht berücksichtigt. Vor dem Abbild einer untergegangenen Vergangenheit maßt man sich an, Lösungen zu finden, und urteilt über die Arbeitslosen. Der heutige Zustand, der noch immer »Arbeitslosigkeit« heißt, ist in Wirklichkeit noch nie erfaßt, nie definiert und daher auch nie in Betracht gezogen worden. In Wirklichkeit ist nie die Rede davon, was mit den Begriffen »Arbeitslosigkeit« und »Arbeitsloser« eigentlich bezeichnet wird. Selbst wenn es heißt, dieses Problem stehe im Zentrum der allgemeinen Besorgnis, wird das wirkliche Phänomen doch ignoriert.

Ein Arbeitsloser ist heute nicht mehr Objekt einer vorübergehenden Ausgliederung aus dem Wirtschaftsprozeß, die nur einzelne Sektoren betrifft, nein, er ist Teil eines allgemeinen Zusammenbruchs, eines Phänomens, das mit Sturmfluten, Hurrikans oder Wirbelstürmen vergleichbar ist, die auf niemanden abzielen und denen niemand Widerstand entgegensetzen kann. Er ist Opfer einer globalen Logik, die die Abschaffung dessen erfordert, was »Arbeit« genannt wird, das heißt die Abschaffung der Arbeitsplätze.

Sozialpolitik und Wirtschaft tun jedoch noch immer so, als würden sie auf Wechselbeziehungen aufbauen, die auf Arbeit gegründet sind. Diese ist aber nicht mehr vorhanden – und die so entstandene Diskrepanz hat unerbittliche Auswirkungen. Die Opfer dieses Verschwindens, die Beschäftigungslosen, werden nach denselben Kriterien behandelt und beurteilt wie zu der Zeit, als es Beschäftigung in Hülle und Fülle gab. Bei ihnen werden Schuldgefühle geweckt: Sie fühlen sich schuldig an der Tatsache, der Arbeit beraubt, um sie betrogen worden zu sein; sie werden von trügerischen Versprechen eingelullt, die den schon bald wieder aufblühenden früheren Reichtum an Arbeit prophezeien und verkünden, die von widrigen Umständen hart bedrängte Konjunktur sei bald wieder in Ordnung gebracht.

Schließlich vollzieht sich die unbarmherzige, passive Verdrängung einer unermeßlichen und dazu noch unaufhörlich anwachsenden Zahl von »Arbeitssuchenden« an den Rand der Gesellschaft, die ironischerweise gerade durch die Tatsache, daß sie zu »Arbeitssuchenden« geworden sind, einer Norm unserer Zeit entsprechen: einer Norm, die man als solche nicht akzeptieren will. Selbst die Ausgeschlossenen wollen sie nicht wahrhaben, so daß sie sich als erste als unvereinbar mit einer Gesellschaft erweisen, deren ganz natürliches Ergebnis sie doch sind. Sie werden dazu gebracht, sich als der Gesellschaft unwürdig zu betrachten, vor allem aber als verantwortlich für ihre Situation, die sie als erniedrigend und sogar verwerflich ansehen. So beschuldigen sie sich selbst einer Sache, deren Opfer sie doch sind. Sie urteilen über sich mit dem Blick derer, die über sie urteilen – ein Blick, den sie übernehmen, der sie als schuldig betrachtet und der dazu führt, daß sie sich fragen, welche Unfähigkeit, welcher Hang zum Scheitern, welcher böse Wille, welche Irrtümer sie in diesen Zustand haben geraten lassen. Die Mißbilligung verfolgt sie, eine trotz aller Absurdität dieser Anschuldigungen allgemeine Mißbilligung. Genau wie man es ihnen vorwirft, werfen sie sich jetzt selbst vor, im Elend zu leben oder davon bedroht zu sein. Nun ist es für sie häufig ein Leben mit fremder »Unterstützung« (die übrigens unerträglich niedrig ist).

Die Vorwürfe (die fremden wie die eigenen) beruhen auf unseren veralteten Vorstellungen von der Konjunktur, auf alten Vorstellungen, die bereits früher unbegründet waren und heute noch aufgeblasener, plumper und absurder sind und keinen Bezug zur Gegenwart mehr haben. All das (und das ist keineswegs harmlos) bewirkt bei Arbeitslosen die Schmach und das Gefühl der Unwürdigkeit, das zu äußerster Unterwerfung führt. Jede andere Reaktion als demütige Resignation wird durch das Gefühl der Schande unmöglich gemacht.

Denn nichts schwächt und lähmt derart wie die Schmach. Sie greift an der Wurzel an und untergräbt jede Tatkraft, sie degradiert Menschen zu beliebig beeinflußbaren Objekten und reduziert alle, die unter ihr leiden, zur wehrlosen Beute. Daher ihr Reiz für die Mächtigen, sich ihrer zu bedienen und sie zu verbreiten; sie erlaubt es, Gesetze aufzustellen, ohne auf Gegner zu stoßen, und sie dann zu übertreten, ohne Protest befürchten zu müssen. Die Schmach führt in eine ausweglose Situation, sie verhindert jeglichen Widerstand, führt dazu, daß jegliche Bekämpfung, jegliche rationale Beschäftigung, jegliche Auseinandersetzung mit dem Problem aufgegeben wird. Sie lenkt von allem ab, was es ermöglichen würde, sich der Erniedrigung zu verweigern und eine Analyse der herrschenden politischen Verhältnisse zu fordern. Und sie ermöglicht auch die Ausnutzung der Resignation und der virulenten Panik, ihrem Nebenprodukt.

Die Scham sollte an der Börse gehandelt werden: Sie ist ein wichtiger Grundstoff des Profits.

Sie ist ein stabiler Wert, genau wie das Leid, das sie hervorruft oder von dem sie hervorgerufen wird. Wundern wir uns daher nicht über die unbewußte, ja instinktive Besessenheit, mit der versucht wird, genau das wiederherzustellen (und nötigenfalls zu konservieren), was an ihrem Ursprung steht: ein abgestorbenes, vollständig gescheitertes System, dessen künstliche Erhaltung es aber erlaubt, insgeheim Schikanen und Tyranneien auszuüben, während zugleich der »soziale Zusammenhalt« geschützt wird.

Daraus entsteht eine wesentliche, nie gestellte Frage: »Muß man zu leben ›verdienen‹, um das Recht zu leben zu haben?« Eine winzige Minderheit, die im Überfluß mit Macht, Besitz und Privilegien ausgestattet ist, mit einem gewissermaßen selbstverständlichen Reichtum, hat dieses Recht schon von Amts wegen. Der Rest der Menschheit muß sich der Gesellschaft gegenüber als »nützlich« erweisen, sein Leben zu »verdienen«, muß sich zumindest dem gegenüber als »nützlich« erweisen, was die Gesellschaft leitet und beherrscht: der Wirtschaft, die stärker als je zuvor mit dem Geschäftemachen gleichgesetzt wird, also der Marktwirtschaft. »Nützlich« sein bedeutet dabei fast immer »rentabel« sein, das heißt nützlich für den Profit. Mit einem Wort: »verwendbar« (»verwertbar« wäre schlechter Geschmack!).

Dieses Verdienst – oder eher: dieses Recht – auf Leben erwirbt man also durch die Pflicht zu arbeiten, die Pflicht, beschäftigt zu sein. Sie wird nun zu einem unantastbaren Recht, ohne welches das Gesellschaftssystem nur ein gigantisches Vernichtungsgeschäft wäre.

Aber wie steht es um das Recht zu leben, wenn diese Pflicht nicht mehr besteht, wenn es untersagt ist, die Pflicht zu erfüllen, die den Zugang zu diesem Recht ermöglicht, *wenn unmöglich wird, was vorgeschrieben ist?* Wir wissen, daß der Zugang zu Arbeit und Beschäftigung heute auf Dauer versperrt ist; durch allgemeine Unfähigkeit oder das Interesse einiger weniger oder einfach durch den Gang der Geschichte sind die Zugänge nicht mehr vorhanden – und immer heißt es, das sei Fügung des Schicksals. Ist es normal oder gar logisch, daß Menschen zu etwas gezwungen werden, was kaum noch vorhanden ist? Ist es auch nur legal, etwas als notwendige Bedingung zum Überleben zu fordern, was gar nicht existiert?

Dennoch ist man verbissen damit beschäftigt, dieses Fiasko zu perpetuieren. Man hat sich in den Kopf gesetzt, eine vergangene Zeit, ein abgestandenes Modell als Norm zu betrachten; man macht die Jagd auf Phantome, die Erfindung eines Surrogats, die versprochene und ständig hinausgeschobene Verteilung von etwas nicht mehr Existentem zum offiziellen Inhalt ökonomischer, politischer und sozialer Handlungen. Man behauptet weiterhin, wir befänden uns in keiner Sackgasse, es handele sich nur darum, einige wenige mißliche und vorübergehende Folgen gewisser reparabler Schnitzer zu überstehen.

Was für ein Betrug! So viele Schicksale, die nur deshalb geopfert wurden, weil das Bild einer untergegangenen Gesellschaft erhalten werden soll, die auf Arbeit und nicht deren Abwesenheit begründet war; so viele Existenzen, die den fiktiven Eigenschaften des Feindes geopfert wurden, den man zu bekämpfen vorgab, Opfer der Chimären, die man vorgeblich verringern will und kann!

Werden wir es noch lange hinnehmen, die Betrogenen zu sein und als einzige Feinde diejenigen zu akzeptieren, die man uns präsentiert, nämlich verschwundene Feinde?

Bleiben wir der Gefahr, die uns bedroht, und den wirklichen Klippen gegenüber blind? Unser Schiff hat bereits Schiffbruch erlitten, wir aber ziehen es vor (dazu werden wir auch ermuntert), uns das nicht einzugestehen und an Bord zu bleiben, lieber in vertrauter Kulisse zu sinken, als ein paar Rettungsversuche zu unternehmen.

Und so setzen wir unsere recht seltsamen Gewohnheiten fort. Man weiß nicht, ob es angesichts eines andauernden, nicht zu behebenden und wachsenden Mangels an Arbeitsplätzen lächerlich ist oder eher grausig, jedem der nach Millionen zählenden Arbeitslosen eine »nachweisbare und ständige« Suche vorzuschreiben (und zwar an jedem Werktag jeder Woche, in jedem Monat, Jahr für Jahr) – nach einer Arbeit, die es nicht gibt. Ihn zu verpflichten, tagelang, wochenlang, monatelang und manchmal über Jahre hinweg seine Zeit damit zu verbringen, *sich* täglich, jede Woche, jeden Monat und jedes Jahr vergeblich anzubieten – ein Unterfangen, das die Statistiken ihm bereits im voraus als aussichtslos erklären. Sollte die Tatsache, an jedem Werktag, jede Woche, jeden Monat und bisweilen über Jahre hinweg verdrängt zu werden, etwa eine Beschäftigung, ein Metier, einen Beruf darstellen? Sollte das etwa eine Stellung, ein *Job* oder womöglich eine Lehrstelle sein? Ist das ein annehmbares Schicksal? Eine vernünftige Beschäftigung oder ein wirklich empfehlenswerter Zeitplan*?

* Die kurzen Intermezzi, während derer junge Leute eine gewisse Zeit zu unbestimmten und unterbezahlten Aufgaben gezwungen und damit aus den Statistiken (den Alpträumen der Regierungen) herausgenommen werden, die eine »Teilnahme an der Arbeitswelt«, eine Annäherung an die heiligen »Unternehmen« suggerieren sollen, können schwerlich als Ausbildung oder zukunftsgerichtete Projekte bezeichnet werden.

Das erinnert eher an einen Versuch, zu beweisen, daß die Rituale der Arbeit fortbestehen, daß die Betroffenen weiter betroffen sind und von einem trostreichen Optimismus dazu gebracht werden, sich weiter in die Warteschlangen einzureihen, die die Arbeitsämter (oder andere Institutionen) schmücken, wo sich stapelweise Beschäftigungsmöglichkeiten befinden, die nur seltsamerweise kurzzeitig von Gegentendenzen blockiert werden! Nur der durch das Verschwinden der Arbeit entstandene Mangel besteht derweilen weiter …

Zeigt sich in der dauernden Ablehnung, in den endlosen Zurückweisungen nicht vor allem eine Inszenierung, deren Aufgabe darin besteht, die »Suchenden« von ihrer Nichtigkeit zu überzeugen? Dem geneigten Publikum das Bild ihres Mißerfolges einzuhämmern und die (falsche) Vorstellung zu verbreiten, die Betroffenen seien selbst dafür verantwortlich (und daher bestraft worden) – wo sie doch nur für den allgemeinen Irrtum, für die Entscheidung einiger weniger und für die Blindheit aller (einschließlich ihrer selbst) bezahlen? Ihr *mea culpa* vorzuführen, das sie übrigens selbst anstimmen? Besiegte.

Sie alle verkörpern in die Enge getriebene, gefesselte, geschlagene Einzelschicksale, die sich vom Rand der Gesellschaft abspalten. Zwischen diesen Enteigneten und ihren Zeitgenossen entsteht eine Art immer undurchsichtiger werdende Trennscheibe. Und weil die Enteigneten immer weniger wahrgenommen werden, weil man sie sich in immer stärkerem Maße ausgelöscht, aus der Gesellschaft entfernt vorstellt, bezeichnet man sie als *Ausgeschlossene*. Das Gegenteil ist aber der Fall: Ihr Schicksal ist mit dieser Gesellschaft verzahnt, sie sind in ihr eingekerkert, vollständig *eingeschlossen*! Sie sind von ihr absorbiert, aufgesogen, auf immer abgeschoben, an Ort und

Stelle deportiert, an Ort und Stelle verstoßen, verbannt, unterworfen und entthront – bei all dem aber so störend: Sie sind Störenfriede! Sie sind nie ganz, nie genug ausgestoßen! Eingeschlossen, viel zu sehr eingeschlossen – eingebettet in die Verleugnung.

Eine Gesellschaft von Sklaven, denen allein die Sklaverei einen Status verleiht, wäre nicht anders eingerichtet. Aber warum sollte man sich denn belasten, und sei es nur mit Sklaven, wenn deren Arbeit überflüssig ist? Wie ein Echo auf die Frage, die weiter oben auftauchte, folgt daraus eine weitere, die zu hören man Angst hat: »Welchen Nutzen kann ein Leben haben, das nicht nützlich für den Profit ist?«

Hier zeigt sich vielleicht der Schatten, die Andeutung eines Verbrechens. Es will schon etwas heißen, wenn eine ganze »Population« (in dem von Soziologen bevorzugten Sinne) von einer klarsichtigen, hochentwickelten Gesellschaft unauffällig an den Rand des schwindelerregenden Abgrunds, des Zusammenbruchs geführt wird: bis an die Grenzen des Todes und bisweilen darüber hinaus. Es will auch etwas heißen, daß jene, die die Arbeit in den allermeisten Fällen knechtet, dazu gebracht werden, um Arbeit zu betteln, und zwar um egal welche und egal zu welchem Preis (das heißt immer: zum niedrigsten). Sie geben sich zwar nicht alle mit Leib und Seele dieser aussichtslosen Bettelei hin, aber die allgemeine Meinung fordert, sie sollten es tun.

Für jene, die die wirtschaftliche Macht in den Händen halten (das heißt die Macht schlechthin) will es etwas heißen, wenn sie die Unruhestifter, die gestern protestierten, forderten und kämpften, heute als Knechte vor sich haben. Wie angenehm zu sehen, wie sie flehen, um endlich das zu erlangen, was sie gestern verschmähten und heute für den Heiligen Gral halten. Nun hat man die anderen in der Gewalt, die – ohne Gehalt, ohne Stellung – kaum aufmucken, weil sie zu große Angst haben, so seltene, so kostbare und unsichere Errungenschaften zu verlieren und sich dadurch der offenen Armee der »Verelendeten« anschließen zu müssen.

Man braucht nur zu beobachten, wie Menschen genommen und wieder weggeworfen werden – ganz nach der jeweiligen Lage eines unbeständigen Arbeitsmarktes, der wie der von Mal zu Mal schrumpfende Ledertalisman in Balzacs Roman *Das Chagrinleder* immer irrealer wird, je nach Marktlage, von der sie und ihr Leben abhängen, die aber nicht von ihnen abhängt. Man muß sich nur ansehen, wie sie bereits jetzt in vielen Fällen nicht mehr genommen werden (in Zukunft noch weniger) und wie sie (vor allem die jungen) in einer grenzenlosen, entwürdigenden Leere dahinvegetieren und wie man ihnen das übelnimmt. Man muß nur sehen, wie das Leben sie deshalb schlecht behandelt und wie man dabei hilft, sie schlecht zu behandeln, und daß es über die Ausnutzung der Menschen hinaus noch Schlimmeres gibt: das Fehlen jeglicher Ausnutzung. Da ist es verständlich, daß die Massen zittern und jeder einzelne von ihnen zu Recht zittert, da er nicht ausnutzbar, *nicht einmal mehr ausnutzbar* ist, da er für die bereits obsolet gewordene Ausnutzung überhaupt nicht mehr gebraucht wird.

Als Echo auf die Frage »Welchen Nutzen kann ein Leben haben, das nutzlos für den Profit ist?«, die selbst bereits das Echo einer anderen ist: »Muß man zu leben ›verdienen‹, um das Recht zu leben zu haben?«, entsteht eine heimtückische Furcht: das diffuse, aber begründete Erschrecken davor, wie eine große Zahl menschlicher Wesen, vielleicht sogar die meisten von ihnen, als überflüssig angesehen wird. Nicht untergeordnet und auch nicht ausgestoßen, sondern überflüssig. Und daher schädlich. Und daher …

Dieses Verdammungsurteil ist noch nicht gefällt, es ist noch nicht zum Ausdruck gebracht und sicherlich noch nicht einmal bewußt gedacht. Wir leben in einer Demokratie. Für die Gesamtheit der Gesellschaft ist eben diese *Gesamtheit* noch Gegenstand eines wirklichen Interesses, das an ihre Kultur gebunden ist, an tiefgehende, erworbene oder spontane Affekte – auch wenn sich eine wachsende Gleichgültigkeit gegenüber anderen Menschen breitmacht. Diese *Gesamtheit* stellt auch – vergessen wir das nicht – eine Wähler- und Konsumentengruppe dar, die noch ein anderes »Interesse« hervorruft und die Politiker dazu bewegt, sich für die Probleme »Arbeit« und »Arbeitslosigkeit« zu interessieren; diese Probleme sind zu Routinefragen geworden, die falschen Probleme, zumindest die falsch gestellten Probleme werden amtlich bestätigt, die Politiker verdrängen jede Erkenntnis eines etwaigen Problems und liefern kurzfristig immer dieselben kraftlosen Antworten auf unechte Fragen. Nicht daß es darum ginge, ihnen die Suche zu erlassen, zumindest nach Teillösungen, zumindest nach ungewissen Lösungen – bei weitem nicht! Aber ihre Flickschusterei führt primär dazu, daß die Strukturen beibehalten werden, die vordergründig zu funktionieren scheinen (wenn auch schlecht) und so die längst überholten Macht- und Hierarchiespiele perpetuieren.

Wir haben schon so lange Erfahrung mit diesen Gewohnheiten, daß wir in der Illusion leben, wir würden sie beherrschen. Das verleiht ihnen den Anschein von Unschuld, eine gewisse Menschlichkeit und versieht sie vor allem mit gewissen gesetzlichen Grenzen wie mit einem Sicherheitsgeländer. Ja, wir leben wirklich in einer Demokratie. Und dennoch ist das Bedrohliche fast schon ausgesprochen, fast schon gemurmelt worden: »Überflüssig ...«

Und wenn wir eines Tages nicht mehr in einer Demokratie lebten? Bestünde nicht die Gefahr, daß diese (gedankliche) »Ausschreitung« dann doch formuliert würde? Daß sie ausgesprochen würde und damit Verbreitung fände? Was würde geschehen, wenn das »Verdienst«, von dem stärker als je zuvor das Recht auf Leben abhinge, sowie das Recht auf Leben selbst in Frage gestellt und von einem autoritären Regime entschieden würden?

Wir wissen heute (und können es nicht mehr leugnen), daß nichts Schreckliches unmöglich ist, daß die menschliche Entschlossenheit keine Grenzen kennt. Von der Ausnutzung zum Ausgrenzen, vom Ausgrenzen zur Eliminierung oder zu einer noch nie dagewesenen tödlichen Ausnutzung – ist ein solches Szenario undenkbar? Wir wissen aus Erfahrung, daß die latent immer vorhandene Barbarei aufs beste mit der Sanftmut der Masse einhergeht, die das Schrecklichste so gut mit der herrschenden Biederkeit zu verbinden weiß.

Wir sehen, daß das auf die Arbeit gegründete System angesichts bestimmter Gefahren (seien sie nun virtuell oder nicht) noch immer als Bollwerk gilt (auch wenn es zu einem Schatten seiner selbst reduziert wurde) – das rechtfertigt vielleicht unsere rückwärtsgewandte Anhänglichkeit an die nicht mehr geltenden Normen dieses Systems. Aber auch dieses System ruht auf verrotteten Fundamenten, die stärker als je zuvor für Gewalt und Niedertracht empfänglich sind. Die eingefahrenen Mechanismen, die scheinbar in der Lage sind, das Schlimmste abzumildern oder es abzuwehren, drehen leer und halten uns in einem Betäubungszustand, den ich bei anderer Gelegenheit die »Brutalität der Ruhe« genannt habe*. Es ist die allergefährlichste Brutalität, die es allen anderen Formen der Brutalität ermöglicht, loszubrechen, ohne auf Widerstand zu stoßen; sie entsteht aus einem Geflecht von Zwängen, das aus einer langen, schrecklich langen Tradition unterschwelliger Gesetze herausgewachsen ist. »Die Ruhe der Individuen und ganzer Gesellschaften wird durch die Ausübung traditioneller Zwänge erreicht, die unbemerkt wirken und daher eine um so effizientere Gewalt ausüben.« Im Zweifelsfall ist diese Gewalt gar nicht mehr notwendig, da sie schon längst in das System eingebunden ist; diese Zwänge wirken auf uns, ohne daß sie sich noch zeigen müßten. Zu sehen ist nur die Ruhe, auf die man uns schon vor der Geburt reduziert.

Diese Brutalität, die sich hinter der von ihr geschaffenen Ruhe verbirgt, herrscht unmerklich weiter. Unter anderem wacht sie über die Skandale, die sie verschleiert und auf diese Weise um so besser durchsetzt. Sie bewirkt eine solch allgemeine Resignation, daß man nicht einmal mehr wahrnimmt, vor wem man resigniert hat: So gut sorgt sie für das Vergessen!

Dagegen gibt es keine andere Waffe als die Genauigkeit, das kaltblütige Protokoll. Kritik an ihr ist zwar eindrucksvoller, aber weniger radikal, denn sie nimmt ihr Spiel auf, akzeptiert dessen Regeln und perpetuiert sie – und sei es nur durch den Widerspruch, den sie formuliert. Der springende Punkt ist jedoch gerade, »das Spiel nicht mitzumachen«. Es geht darum, den riesigen und fieberhaft aktiven Teil des Planeten zu stören, bei dem

* Viviane Forrester, *La Violence du calme*, Paris 1980.

man nie so recht weiß, was eigentlich getrieben oder welches Schauspiel uns gerade gegeben wird (und wer es uns gibt), hinter dem sich wiederum irgendein anderes abspielt.

Um dies herauszufinden, kann man die Dinge gar nicht stark genug dem Zweifel aussetzen, nicht die Probleme, nicht ihre Begriffe und nicht die gängigen Fragen. Erst recht, wenn es bei diesen Problemen um die Begriffe »Arbeit« und »Arbeitslosigkeit« geht, in deren Umfeld von allen Seiten die monotone politische Litanei ertönt und reihenweise nichtige, hingepfuschte und heruntergebetete Lösungen angeführt werden, deren Wirkungslosigkeit bekannt ist, von denen man weiß, daß sie das massenhafte Unglück nicht verändern, daß sie nicht einmal auf eine Veränderung abzielen.

In Wirklichkeit beschäftigen sich die Texte und Reden, die die Probleme der Arbeit und damit der Arbeitslosigkeit analysieren, allein mit dem Profit, er bildet ihre Grundlage, ihre Matrix, ohne dabei jemals genannt zu werden. In diesen Bereichen ist der Profit zwar der große Boss, aber von ihm wird nicht geredet. Er steht ganz oben und bildet so offensichtlich die Grundlage für alles, daß man ihn verschweigt. Alles ist von ihm abhängig, ist auf ihn ausgerichtet, wird in Abhängigkeit von ihm geplant, verhindert oder verursacht, er erscheint so unausweichlich, als wäre er mit dem Wesen des Lebens verschmolzen, so daß wir ihn nicht vom Leben trennen können. Unbemerkt wirkt er vor aller Augen. Überall wird er propagiert, überall wirkt er, wird aber nie genannt, außer in Form jener schamhaft so genannten »Wertschöpfungen«, jener Anhäufungen von Reichtümern, die sogleich als nützlich für die gesamte Menschheit angesehen werden und denen die Fähigkeit zugeschrieben wird, ganze Berge von Arbeitsplätzen zu schaffen.

Sich an den so geschaffenen Reichtümern zu vergreifen wäre daher kriminell. Sie müssen um jeden Preis bewahrt werden, man darf sie nicht hinterfragen, muß vergessen (oder so tun als ob), daß sie immer dieselbe kleine Gruppe begünstigen, die immer mächtiger wird und immer stärker in der Lage ist, den (ihr zufließenden) Profit als die einzige Logik, als die wahre Substanz des Lebens, die treibende Kraft der Zivilisation, als Unterpfand für jede Demokratie und als den unhörbaren, unsichtbaren und unantastbaren Motor unserer Betriebsamkeit und Mobilität zu präsentieren.

Der Vorrang gilt also dem als Ursprung der Dinge, als eine Art Urknall angesehenen Profit. Erst nachdem der Anteil der Geschäfte (der Marktwirtschaft) gesichert und abgezogen ist, werden (in abnehmender Stärke) die anderen Sektoren, unter anderem das Gemeinwesen, berücksichtigt. Zunächst kommt jedoch der Profit, von dem alles ausgeht, der alles strukturiert. Erst danach wendet man sich den Brosamen jener berühmten »Wertschöpfungen« zu. Denn ohne diese »Wertschöpfungen« – so wird uns verkündet – gäbe es nichts, nicht einmal die Brosamen – die übrigens immer geringer werden –, nicht einmal den kleinsten Vorrat an Arbeit, an Möglichkeiten.

»Gott bewahre uns davor, die Henne zu schlachten, die goldene Eier legt!« pflegte meine alte Amme zu sagen, um dann in ihrer Rede über die Notwendigkeit von Reichen und Armen fortzufahren: »Es wird immer Reiche geben müssen. Kannst du mir sagen, wie die Armen ohne sie leben sollen?« Eine wahre Politikerin, meine Amme Beppa, eine große Philosophin! Sie hatte alles verstanden.

Der Beweis: Wir stehen da und hören noch immer zu, taub gegen all das, was die Mächte, die meine Amme verehrt hat, auskochen, blind für ihr lügnerisches Gehabe. Mächte, die übrigens immer weniger lügen müssen, derart scheinen sie bei den betäubten Massen des Planeten ihre Postulate durchgesetzt, ihnen ihr Credo eingehämmert zu haben. Wozu noch Energie darauf verschwenden, diejenigen zu überzeugen, die eine beständige Propaganda bereits entwaffnet hat?

Eine wirkungsvolle Propaganda, die es schlauerweise verstanden hat (und das ist überhaupt nicht harmlos), eine ganze Reihe positiver, verführerischer Ausdrücke für sich zu vereinnahmen und in ihrem Sinne umzuwandeln. Sehen wir uns diesen *freien* Markt an, der frei ist, Profit zu machen, diese *Sozial*pläne, deren soziale Aufgabe in Wirklichkeit darin besteht, Männer und Frauen mit möglichst geringen Kosten von ihrem Arbeitsplatz zu verjagen und sie der Dinge zu berauben, die sie zum Leben brauchen, bisweilen sogar ihrer Unterkunft. Betrachten wir den *Wohlfahrts*staat, der den Anschein vermittelt, nur ganz schüchtern ab und zu einmal in Wahrheit schreiendes, manchmal unmenschliches Unrecht zu beheben. Es gibt auch die von *Unterstützung* Abhängigen, die von ihrem Zustand gedemütigt sind – jemand, der erbt, wird jedoch mitnichten als »unterstützt« angesehen, auch wenn er es von der Wiege bis zur Bahre ist.

Harmlos?

Von bestimmten Wörtern vernehmen wir nicht einmal mehr das Totengeläut. Wörter wie »Arbeit« und daraus folgend auch »Arbeitslosigkeit« haben überhaupt nicht mehr die Bedeutung, die sie zu vermitteln scheinen; sie nisten sich so sehr bei uns ein, weil ihr einschüchterndes Wesen dazu dient, den letzten Rest einer

Struktur zu bewahren, die zwar veraltet ist, und den »sozialen Zusammenhalt« trotz der gleichnamigen »Verwerfungen« eine Zeitlang zu bewahren – wenigstens die Sprache hat sich bei alldem bereichert!

Wie viele andere Ausdrücke geraten jedoch in Vergessenheit: »Profit« natürlich, aber zum Beispiel auch »Proletariat«, »Kapitalismus« und »Ausbeutung« – oder auch die »Klassen«, die inzwischen unempfänglich für jegliche Art von »Kampf« geworden sind! Solch archaische Ausdrücke zu gebrauchen grenzt an Heldenmut. Wer übernimmt schon gerne freiwillig die Rolle des desinformierten Einfaltspinsels, des Tölpels, der mit Daten und Fakten aus der Steinzeit argumentiert? Wer ruft gerne Stirnrunzeln hervor – und zwar nicht empörtes, sondern erstaunt-ungläubiges, vermischt mit sanftem Mitleid? »Sie wollen doch nicht etwa sagen ... Sie sind doch wohl nicht ... Wissen Sie eigentlich, daß die Mauer gefallen ist? Haben Sie die Sowjetunion wirklich geschätzt? Stalin? Und die Freiheit, der freie Markt ... Ist das nichts?« Und angesichts dieses armen Zurückgebliebenen, dieses fast schon Mitleid erweckenden Vertreters schlechten Geschmacks lächelt man ein entwaffnetes Lächeln.

Die Verhältnisse schreien jedoch nach diesen Wörtern, die auf den Index gesetzt wurden, während ihr Inhalt, der nie ausgedrückt, nie wirklich zur Kenntnis genommen wird, weiterhin existiert. Wie kann die Sprache, aus der diese Vokabeln entfernt wurden, der Geschichte gerecht werden, die weiter mit ihnen angefüllt ist und sie stumm weiter mit sich führt?

Sind uns diese Wörter nur deshalb verboten, haben sie nur deshalb ihre Bedeutung verloren, weil sie von einem totalitären System gebraucht und propagiert wurden? Stehen wir so sehr unter diesem Eindruck, daß wir ganz mechanisch alles an Autorität zurückweisen, was andere ebenso mechanisch an Autorität akzeptierten? Bleiben allein Autorität und ihre Mechanismen übrig? Hat der Stalinismus auf diese Weise alles ausgemerzt, läßt er selbst nach seinem Verschwinden auf absurde Weise nur noch das Schweigen der Fürsprecher, der Schlichter, aber auch der erhofften Verhandlungspartner zu? Sollen wir ihn über das Schweigen bestimmen lassen, über die Zerstörungen, die in der Sprache und im Denken erfolgen? Es ist offensichtlich, daß die große Autorität des lückenhaften Diskurses, der sich um seine Lücken herum strukturiert, jegliche ernsthafte Analyse und Überlegung verhindert – und erst recht die Widerlegung dessen, was nicht gesagt wird, aber geschieht.

Wenn selbst das Vokabular (also unser Denkwerkzeug, das Material, welches das Geschehen beschreiben kann) nicht nur im Verdacht steht, sondern ausdrücklich dazu bestimmt ist, keine Bedeutung mehr zu haben, wenn es außerdem noch der wirksamsten aller Bedrohungen, nämlich der Lächerlichkeit, ausgesetzt ist – welche Waffen bleiben dann noch übrig? Welche Verbündeten verbleiben dann all jenen, die doch nur durch eine radikale Zustandsbeschreibung davor gerettet werden können, sich für ihr Elend zu schämen und lebendig vergessen zu werden?

Auf welche Weise haben wir diesen Gedächtnisschwund erlitten, wie sind wir zu diesem Kurzzeitgedächtnis gekommen, zum Vergessen der Gegenwart? Was ist geschehen, wenn heute bei den einen eine solche Ohnmacht und bei den anderen eine solche Macht herrscht? Daß ein solches Einverständnis aller mit der Ohnmacht ebenso wie mit der Macht herrscht? Eine solche Kluft? Es gibt keinen Kampf – außer dem, der immer mehr Raum für die fast triumphierende, zumindest quasi omnipotente Marktwirtschaft fordert, die zwar sicherlich ihre innere Logik hat, der aber keine andere Logik mehr entgegengesetzt wird. Alle scheinen auf derselben Seite zu stehen, den gegenwärtigen Zustand der Dinge für den naturgegebenen zu halten, für den Punkt, an dem die Geschichte mit uns rechnet.

Für diejenigen, die nur noch verlieren, gibt es keinerlei Unterstützung mehr. Der gängige Diskurs macht uns taub. Etwas Totalitäres bedroht uns. Etwas Schreckenerregendes. Und doch hören wir als einzige Kommentare die Reden von Monsieur Homais*; er klingt ewiger, offizieller und feierlicher als je zuvor. Seine Monologe. Das Gift, das er in seiner Apotheke aufbewahrt.

* Monsieur Homais ist der Apotheker in Gustave Flauberts Roman *Madame Bovary*, ein Verkünder fortschrittlicher, antiklerialer Parolen (A. d. Ü.).

2

Während monsieur Homais Triumphe feiert und Selbstgespräche führt – ohne daß (mangels angemessener Sprache) jemand da wäre, um dagegen zu protestieren oder ihm auch nur zu antworten –, haben wir überhaupt nicht erkannt, daß wir allein mit ihm geblieben sind. Wir stehen zwischen ein paar Randfiguren und leiern gemeinsam mit ihm vor uns hin. Die Mehrzahl der wahren Akteure, der Hauptdarsteller ist, ohne daß wir es merkten, desertiert und hat das Drehbuch mitgenommen. Die Arbeit und ihr Fehlen betreffend reden wir von diesen Akteuren, als seien sie noch immer da und noch immer unseresgleichen, auch wenn es sich um eine Hierarchie handelt, deren Spitze sie bilden.

Vollkommen falsch. Und es wird auch nie wieder so sein.

Während die Sphären der Arbeit und stärker noch die der Wirtschaft sich von uns entfernten, haben die wahren Akteure sie begleitet und sind, genau wie jene, kaum erkennbar, immer weniger faßbar geworden. Bald werden sie unerreichbar sein, außer Reichweite, außer Sichtweite – vielleicht sind sie es bereits. Und wir stehen dann noch immer in denselben Kulissen und treten auf der Stelle.

In unseren Augen ist die Arbeit nämlich noch immer an das Industriezeitalter geknüpft, an den von Immobilien und konkret faßbaren Gegenwerten geprägten Kapitalismus. An jene Zeit, in der das Kapital mit offenkundigen Garantien verbunden war wie solide angesiedelte Fabriken, leicht auffindbare Orte: Fabrikanlagen, Bergwerke, Banken, Gebäude, die in unserer Landschaft verwurzelt, in die Kataster eingetragen waren. Wir glauben, noch immer in dem Zeitalter zu leben, als man deren Fläche schätzen, ihre Lage festmachen, ihre Kosten ermessen konnte. Die Vermögen befanden sich in Tresoren. Handel und Geldverkehr folgten nachvollziehbaren Kreisläufen. Es gab Unternehmer mit genau bestimmbarem Familienstand, Direktoren, Angestellte, Arbeiter, die sich von einem Punkt zum anderen bewegten und sich dabei real begegneten. Man wußte, wer und wo die Führungskräfte waren, wem der Gewinn zufloß. Häufig stand an der Spitze ein mehr oder weniger mächtiger, mehr oder weniger kompetenter, mehr oder weniger tyrannischer, mehr oder weniger wohlhabender Mann, der über Besitz verfügte und mit Geld umging. Er war (mitunter mit Teilhabern, die ebenso konkret vorhanden waren) Besitzer des Unternehmens. Ein faßbares Individuum aus Fleisch und Blut, mit einem Namen, ein Individuum, das Erben hatte und fast immer selbst einer war. Man konnte die Bedeutung des Unternehmens mit Blikken erfassen, man wußte, wo die Arbeit stattfinden mußte, genau wie man wußte, wo (häufig unter skandalösen Bedingungen) der Kern der »Arbeiterfrage« lag und auch der Schauplatz der berühmten »Wertschöpfungen«, die damals noch »Gewinne« genannt wurden. Die gewerblich und industriell erzeugten Güter, der Handel, der Rohstoffkreislauf waren von entscheidender Bedeutung, das Unternehmen hatte einen Firmensitz und eine Aufgabe, die man kannte. Fast könnte man sie sogar amtlich bestätigt nennen. Es war möglich, den Aufbau der Unternehmen zu begreifen, sogar ihre internationalen Strukturen, und es war möglich, den Anteil von Handel, Industrie und Finanzspekulation herauszufinden. Gegebenenfalls wußte man, gegen wen und wogegen man protestierte, und kannte damit auch die Orte des Protests. All das erfolgte mitten unter uns, in der uns vertrauten Geographie, in vertrauten Rhythmen – auch wenn sie bisweilen überzogen waren. Und es äußerte sich in unserer Sprache, in unserer Ausdrucksweise. Wir erlebten zwar eine häufig desaströse Verteilung der Rollen, aber wir erlebten sie alle als Figuren desselben Romans.

Nun ist diese Welt, in der die Orte der Arbeit und die der Wirtschaft zusammenfielen, wo die Arbeit vieler Akteure für die Entscheidungsträger unersetzlich war, aber wie weggezaubert. Noch immer glauben wir, in dieser Welt zu leben, in ihr zu atmen, ihr zu gehorchen oder sie zu beherrschen – aber sie existiert nicht mehr, oder nur noch scheinbar, und das unter Kontrolle der wahren Kräfte, die sie auf diskrete Weise lenken und ihr Scheitern betreiben.

Mit ihr sind auch die Modelle der Übergangszeit wie weggezaubert, die ihr nach und nach auf dem Weg zur Welt von heute gefolgt sind, zur Welt des Multinationalen, des Transnationalen, des absoluten Liberalismus, der Globalisierung, der Deregulierung, des Virtuellen. Wenn man diese Modelle, die inzwischen eine völlig untergeordnete Rolle spielen und dabei sind, zu verschwinden, noch findet, dann sind sie völlig beherrscht von entfernten, unpersönlichen und komplexen Mächten.

Die völlig neue Welt, die im Zeichen der Kybernetik, der Automatisierung, der revolutionären Technologien entsteht und die nun die Macht ausübt, scheint sich versteckt zu halten, sich in abgeschotteten, ja esoterischen Zonen zu verschanzen. Sie stimmt nicht mehr mit uns überein. Und natürlich ist sie auch ohne wirklichen Bezug zur »Arbeitswelt«, die ihr nicht mehr vertraut ist und die sie (wenn sie sie denn einmal wahrnimmt) für einen störenden Parasiten hält, der durch sein Pathos, seine Plackerei, sein zur Last fallendes Unglück und durch den irrationalen Starrsinn, unbedingt existieren zu wollen, unangenehm auffällt. Und durch seinen geringen Nutzen, seinen geringen Widerstand, seine Harmlosigkeit. Durch seine Entsagungen und seine Unschädlichkeit, die durch seine Gefangenschaft in den Überresten einer Gesellschaft bewirkt wird, in der seine Aufgaben abgeschafft wurden. Zwischen diesen beiden Welten gibt es keine Verbindung. Die alte geht zugrunde und leidet abseits der anderen, die sie sich nicht einmal vorstellen kann. Die andere, die allein einer Kaste vorbehalten ist, stößt auf eine bislang unbekannte Ebene der »Wirklichkeit« vor, oder, wenn man so will, der Entwirklichung, auf der die Horde der »Arbeitssuchenden« nur eine bleiche Heerschar von Gespenstern darstellt.

Warum sollte diese Kaste die Massen von Leichtsinnigen überhaupt zur Kenntnis nehmen, die besessen darauf drängen, sich in konkreten, etablierten, lokalisierten Bereichen betätigen zu dürfen, wo sie Nägel einschlagen können, Schrauben eindrehen, Sachen tragen, Dinge einordnen, irgend etwas kalkulieren, sich in alles einmischen, sich wichtig machen können? In Bereichen mit Kreisläufen, die nach Menschenmaß geschaffen wurden, offenkundigen Anstrengungen, mit bereits in Vergessenheit geratenen Abläufen und Zeitmaßen und schließlich mit ihrem gesamten Leben, ihren Kindern, ihrer Gesundheit, ihren Wohnungen, ihrer Nahrung, ihrer Bezahlung, ihrem Sex, ihren Krankheiten, ihrer Freizeit, ihren Rechten.

Wie naiv sie sind! Diejenigen, von denen sie sich alles erhoffen (das heißt: Beschäftigung), sind schon nicht mehr erreichbar. Sie sind in anderen Sphären damit beschäftigt, Virtuelles entstehen zu lassen, mit Finanzwerten in Form von »Derivaten« zu jonglieren, die keine reale, konkrete Basis mehr haben, und als flüchtige, nicht überprüfbare Werte häufig verhandelt, aufgekauft oder konvertiert werden, bevor sie auch nur zu existieren begonnen haben.

Die Entscheidungsträger unserer Zeit sind zu dem geworden, was Robert Reich »Symbolmanipulatoren« oder, wenn man so will, »Symbolanalytiker« nennt*, die nicht (oder kaum) mit der alten Welt der »Arbeitgeber« in Verbindung stehen. Was sollten sie mit all den so kostspieligen »Beschäftigten« anfangen, für die Sozialversicherung gezahlt werden muß und die so unbeständig und hinderlich sind im Vergleich zu den klaren, stabilen Maschinen, die keinerlei sozialen Schutzes bedürfen, die von Natur aus dienstbar sind und außerdem wirtschaftlich und frei von zweifelhaften Gefühlen, aggressiven Klagen und gefährlichen Wünschen? Maschinen, die ein anderes Zeitalter eröffnen, das zwar vielleicht ebenfalls das unsere ist, zu dem wir aber keinen Zugang haben.

Es ist dies eine Welt, die dank der Kybernetik mit der Geschwindigkeit des Augenblicks von den Hochtechnologien lebt, eine Welt, in der Geschwindigkeit und Augenblick in grenzenlosen Räumen zusammenfallen. Ubiquität und Gleichzeitigkeit sind die bestimmenden Größen. Diejenigen, die sich in dieser Welt betätigen, teilen mit uns weder den Raum noch die Geschwindig-

* Robert Reich, *Die neue Weltwirtschaft: das Ende der nationalen Ökonomie*, Frankfurt/M. 1993.

keit, noch die Zeit. Weder die Projekte noch die Sprache und noch weniger das Denken. Nicht die Ziffern und nicht die Zahlen. Vor allem aber nicht die Sorgen. Und auch nicht das Geld.

Diese Menschen sind nicht grausam, ja nicht einmal gleichgültig. Sie sind nicht faßbar und erinnern sich vage an uns wie an arme Verwandte, die irgendwo in der Vergangenheit zurückgelassen wurden, in der schwerfälligen Welt der Arbeit, in jener Welt der »Beschäftigungen«. Begegnen sie uns? Wenn, dann geben sie uns aus ihrer Welt der Zeichen ängstlich Zeichen und kehren wieder zurück, um spannende Spiele untereinander zu spielen, die einen Planeten lenken, der nur in ihrem System existiert, was sie am Ende gar nicht mehr wissen. Sie beherrschen die über alle Grenzen und Regierungen hinweg globalisierte Welt. Die Länder spielen für sie die Rolle von Gemeinden.

Und in diesem Reich – man glaubt zu träumen – denken arme Teufel von Arbeitern noch, sie könnten ihre Vorstellung vom »Arbeitsmarkt« unterbringen! Man könnte heulen vor Lachen. Früher hat es für sie ausgereicht, sich an ihrem Platz bereitzuhalten. Man wird ihnen beibringen müssen, daß sie keinerlei Platz mehr haben werden, an dem sie sich bereithalten können – genau diese Botschaft wird ihnen übermittelt, bislang allerdings noch sehr diskret. Eine Botschaft, die man nicht entschlüsseln will, die man nicht zu entschlüsseln wagt, aus Angst, sich ihre möglichen Folgen vorzustellen.

Die schiefe Bahn, auf der wir uns alle befinden, neigt sich jedoch genau in diese Richtung. Eine große Mehrheit von Menschen wird von der kleinen Gruppe, die die Wirtschaft prägt und die Macht besitzt, schon gar nicht mehr gebraucht. Auf diese Weise haben Massen von

Menschen dank der herrschenden Logik keinen vernünftigen Grund mehr, in dieser Welt zu leben, in die sie doch hineingeboren wurden.*

Um leben zu können, um die Mittel dazu zu haben, müßten sie den Bedürfnissen der Organisationen entsprechen, die den Planeten lenken, also den Bedürfnissen der Märkte. Aber sie entsprechen ihnen nicht – beziehungsweise die Märkte entsprechen ihnen nicht mehr und brauchen sie nicht mehr, mit Ausnahme einiger weniger in immer geringer werdender Zahl. Ihr Leben ist daher nicht mehr »legitim«, sondern wird nur noch toleriert. Ihre Existenz in dieser Welt fällt zur Last, und ihr Platz wird ihnen aus reiner Barmherzigkeit, aus Hang zur Sentimentalität, aus alten Reflexen heraus zugebilligt, weil dies so lange Zeit (zumindest theoretisch) für heilig gehalten wurde. Aus Angst vor dem Skandal. Wegen der Vorteile, die die Märkte noch daraus ziehen können. Und wegen politischer Überlegungen, wegen der Wahlversprechen, die auf Lügen beruhen: Man redet von vorübergehenden »Krisen«, die das jeweilige Lager leicht zu bewältigen vorgibt.

Und außerdem verhindert eine gewisse atavistische Blockierung des Gewissens, ein solches Zusammenbrechen ohne weiteres hinzunehmen. Es ist schwer zuzugeben und völlig undenkbar zu erklären, die Existenz einer großen Anzahl von Menschen werde ungewiß – und zwar nicht deshalb, weil der Tod unausweichlich ist, sondern

* Auf anderen Kontinenten erleben ganze Bevölkerungsmassen das Fehlen eines sozialen Status. Ihre vermeintliche Zukunft hat sie dazu gezwungen, sich den westlichen Lebensbedingungen anzunähern. Wir werden sehen, ob sich nicht auf dem gesamten Planeten die große Masse in Zukunft eher nach ihnen ausrichten muß.

dern weil ihre Existenz bereits zu ihren Lebzeiten nicht mehr der herrschenden Logik entspricht, weil sie nichts mehr einbringt, sondern sich als kostspielig, als *zu* kostspielig erweist. Niemand würde es in einer Demokratie wagen zu erklären, das Leben sei kein Recht an sich und eine Vielzahl von Menschen sei einfach überflüssig. Aber wäre das in einem totalitären Regime genauso? Hat man es nicht bereits gewagt? Und lassen wir es nicht bereits im Prinzip zu (auch wenn wir es bedauern), wenn in Entfernungen, die unseren Ferienreisen entsprechen, Hungersnöte ganze Populationen dezimieren?

Die Entbehrungen, die heute einer beträchtlichen und ständig wachsenden Zahl von Menschen auferlegt werden, sind vielleicht nur die Vorbedingungen für deren (künftig möglicherweise radikale) Zurückweisung; sie werden nicht schwächer und nehmen nicht ab, wie die politischen Reden kraftlos behaupten – Reden, die geredet, aber nicht gehandelt oder gelebt werden –, sondern schwächen jene, die ihre Beute darstellen, und drängen sie ab. Der wirtschaftliche Diskurs (nach dem gehandelt und gelebt, der aber nicht in Worte gefaßt wird) geht in diese Richtung: Die Massen sind nur vage Abstraktionen, und um die Unterschiede kümmert man sich nicht, außer daß man die wenigen Errungenschaften der Empfindlichsten so weit wie möglich übergeht – all jener, die bald ausgeschlossen oder besser gesagt eingeschlossen sein werden: stärker eingeschlossen in den Prozeß der Enteignung.

Es gibt nicht mehr viel Raum, und dieser knappe Raum wird wegen der immer weniger werdenden Arbeit noch enger – wobei die Arbeit, von der noch immer das Überleben der Menschen abhängt, doch noch immer Grundlage der Gesellschaft ist – aber dieses Verschwinden stört die wahren Mächte, die Mächte der Marktwirtschaft, nicht im geringsten. Aber das mit diesem Verschwinden verbundene Elend ist ebensowenig ihr Ziel. Sie sehen es eher als eine unliebsame Begleiterscheinung auf ihrem Weg, von der man allerdings weiß, daß sie dem Profit häufig nützt (wenn man schon einmal dabei ist, kann man auch Nutzen daraus ziehen). Wichtig für diese Mächte sind die Geldmassen und die Finanzspiele, die alle anderen Phänomene in den Schatten treten lassen: die Spekulationen, die noch nie dagewesenen Transaktionen, jener nicht greifbare Kapitalfluß, die virtuelle Realität, die heute größere Bedeutung hat als jede andere.

Diese Haltung ist, von ihrer Warte aus betrachtet, nur vernünftig. Diese Entwicklungen und Phänomene entsprechen vollkommen ihrer Aufgabe, ihren beruflichen Pflichten – sogar ihrem Verständnis von Ethik. Und außerdem findet auch die so berauschende, so menschliche, allzu menschliche Begeisterung für Macht und Geld hier ihre Ursache wie ihr Betätigungsfeld, auf dem sie unersättlich und alles verschlingend ins Schwärmen kommen kann. Diejenigen, die an dieser Macht teilhaben können, finden in diesem Umfeld ihre natürlichen Rollen. Das Drama liegt vor allem darin, daß niemand die anderen Rollen übernimmt.

Eine sehr lange, unermüdlich und unterschwellig wirkende Geschichte, die im Schatten betrieben wurde, muß das Aufgeben dieser Rollen hervorgerufen haben. Ein Aufgeben, das die Vormachtstellung einer anonymisierten Privatwirtschaft ermöglicht hat, die durch massive Fusionsprozesse von weltweiter Größenordnung in komplexe, unentwirrbare Netze verwandelt wurde. Diese Netzwerke sind so mobil und von solcher Ubiquität, daß sie fast nicht mehr ausfindig zu machen sind und auf diese Weise allem entgehen, was sie einschränken, kontrollieren oder auch nur beobachten könnte.

Man sollte dieses Phänomen eines Tages untersuchen und die heimliche Geschichte dieser unmerklichen und doch radikalen Entwicklung aufzeichnen.

Bereits heute kann man die Ausmaße des Wachstums der privaten Mächte ermessen, die zum großen Teil den gewaltigen Kommunikationsnetzen zu verdanken sind, den direkten Austauschmöglichkeiten, den Ubiquitätsfaktoren, die aus diesen Möglichkeiten resultieren. Die privaten Mächte haben es verstanden, sie als die ersten zu nutzen, und haben auf diese Weise zum eigenen Profit Raum und Zeit abgeschafft – das ist bereits eine ganze Menge!

Das bedeutet eine schwindelerregende Vervielfachung der Menge an Vermögen, die sie umfassen, beherrschen, verbinden oder duplizieren können, ohne sich um Gesetze und Beschränkungen zu kümmern, da sie diese unter derart globalisierten Bedingungen leicht umgehen können.

Ohne sich allzusehr um den im Vergleich zu ihnen häufig armen Staat zu kümmern, der gebunden ist, der beurteilt und angezweifelt wird und im Rampenlicht steht, können sie durchstarten: Sie sind freier, motivierter, mobiler, unendlich viel einflußreicher als jener, sie haben keine Wählersorgen, keine politische Verantwortung, keine Kontrolle und sind natürlich auch nicht moralisch an die gebunden, die sie erdrücken. Sie überlassen es anderen, ihren Opfern zu zeigen, daß alles zu deren Wohl geschieht – und natürlich zum Wohle aller, denn das Wohl aller, das versteht sich von selbst, wird nur durch ihr eigenes Wohl erreicht.

Sie stehen über den politischen Instanzen und müssen

auf keinerlei abgestandene Ethik, keinerlei Gefühl Rücksicht nehmen. Im Zweifelsfall müssen sie sich (in den höchsten Sphären, da, wo das Spiel unberechenbar wird) nicht einmal mehr um Erfolge oder Mißerfolge kümmern, sondern haben nur noch sich selbst zum Ziel: ihre endlos fortgesetzten Transaktionen, die Spekulationen, die kein anderes Ziel haben als die eigene Bewegung.

Sie stoßen auf keine anderen Hindernisse als auf diejenigen, die von ihresgleichen geschaffen wurden. Aber letztere verfolgen denselben Weg wie sie, streben nach denselben Zielen – und wenn auch einige unter ihnen versuchen, diese Ziele vor den anderen oder an deren Stelle zu erreichen, so verändert das nicht im geringsten das allgemeine System. Die zügellose Konkurrenz innerhalb so komplexer Netze schweißt die Beteiligten in Wirklichkeit zusammen, ballt ihre Energie, die sich im Namen einer gemeinsamen, nie genannten, nie eingestandenen, aber gelebten Ideologie auf dieselben Ziele konzentriert.

Die privatwirtschaftlichen transnationalen Gruppen beherrschen somit mehr und mehr die staatlichen Machtinstanzen. Sie werden nicht vom Staat kontrolliert, ganz im Gegenteil, sie kontrollieren ihn und bilden im großen und ganzen eine Art Nation, die außerhalb eines Territoriums, außerhalb irgendwelcher Regierungsinstitutionen unaufhörlich die Institutionen der verschiedensten Länder und deren Politik beherrscht. Häufig erfolgt das auf dem Umweg über namhafte Organisationen wie die Weltbank, den Internationalen Währungsfond (IWF) oder die Organisation für wirtschaftliche Zusammenarbeit und Entwicklung (OECD).

Ein Beispiel: Die privatwirtschaftlichen Mächte haben häufig die Staatsschulden unter ihrer Kontrolle, wodurch die Staaten von ihnen abhängig sind. Diese Staaten zögern nicht, die Schulden ihrer Beschützer in öffentliche Schulden umzuwandeln und auf diese Weise zu übernehmen. Dadurch werden solche Schulden ohne jeden Ausgleich von der Gesamtheit der Bürger beglichen. Die Ironie daran: Indem die Schulden des privatwirtschaftlichen Sektors auf den öffentlichen Sektor übertragen werden, erhöhen sie die Schuldenlast der Staaten und erhöhen damit noch deren Abhängigkeit von der privaten Wirtschaft. Die aber, deren Verpflichtungen hier (wie so häufig) vom Staat, also der Gemeinschaft übernommen werden, betrachtet niemand als »unterstützt«!

Die Privatwirtschaft ist nun freier als je zuvor – sie verfügt über jene Freiheit, die sie mit solchem Nachdruck gefordert hat und die sich in legaler Deregulierung, in offizieller Anarchie äußert. In einer Freiheit, die mit allen Rechten und größter Freizügigkeit ausgestattet ist. Ungezügelt durchdringt sie eine zugrunde gehende Zivilisation, deren Untergang sie noch beschleunigt.

Der Untergang wird verschleiert, er wird vorübergehenden »Krisen« angelastet; so kann unbemerkt eine neue Form der Zivilisation entstehen, die sich bereits auszubreiten beginnt. In ihr wird nur ein sehr geringer Prozentsatz der Erdbevölkerung eine Stellung finden. Von dieser Stellung hängen die Lebensumstände jedes einzelnen ab, stärker aber noch die Möglichkeit, ob dessen derzeitiges Leben weitergeht oder beendet wird.

Seit Jahrhunderten gilt in diesem Zusammenhang ein grundlegendes Prinzip: Für einen Menschen ohne Stellung oder Funktion gibt es keinen Platz, er hat kein offensichtliches Recht zu leben, zumindest nicht zum Weiterleben. Heute verschwinden diese Funktionen jedoch unwiderruflich, das genannte Prinzip gilt aber noch immer, obwohl es die Gesellschaften inzwischen nicht mehr prägen kann; es kann nur noch den Status der Menschen zerstören, ihre Lebensbedingungen verschlechtern oder sie dem Tod aussetzen.

Niemand besitzt den Mut, eine solche Gefahr zuzugeben, sie auch nur in Betracht zu ziehen, geschweige denn zu erwähnen. Das ist eine Unterlassungssünde von gravierender Bedeutung, denn dadurch setzt sich niemand mit der Bedrohung auseinander, niemand stellt sich ihr entgegen oder versucht, die Entwicklung umzudrehen oder das Prinzip herauszufinden und darzustellen, das diese düsteren Entwicklungen verursacht. Niemand regt an, die Dinge einmal zu analysieren und in die Hand zu nehmen – dann würde vielleicht jedem ein Platz geboten, jedoch in einem völlig anders gearteten Spiel. Statt dessen werden die von einem abgestorbenen System Abhängigen lebendig begraben. Dieses Desaster könnte vermieden werden, vielleicht sogar, ohne den Handelnden und den Profiteuren dieses Prinzips zu schaden.

Es handelt sich um ein Prinzip, das niemals beim Namen genannt wird – aber es wäre gottlos, es leugnen zu wollen. Der Glauben schließt auch den Zweifel ein, unter dem wirtschaftlichen Diktat jedoch ist der Zweifel verboten. Kann man es angesichts der Übermacht einer abstrakten, unmenschlichen, globalisierten Wirtschaft riskieren, ein paar schüchterne Vorbehalte, ein gewisses Schwindelgefühl zu äußern? Man hat uns bereits frühzeitig mit den Dogmen jener Hegemonie das Maul gestopft, die uns (seien wir realistisch) beherrscht. Man hat uns bereits frühzeitig die Gesetze der Konkurrenz und des Wettbewerbs vorgehalten, die Ausrichtung nach den Regeln der internationalen Wirtschaft – das heißt nach den Regeln der Deregulierung – und uns das Loblied auf die Flexibilität der Arbeit gesungen. Hüten wir uns daher davor, auch nur anzudeuten, daß die Arbeit stärker als je zuvor Lust und Laune der Spekulation unterliegt, der Laune der Entscheidungsträger in einer Welt, die auf *allen* Ebenen rentabel sein soll; in einer Welt, die darauf reduziert ist, insgesamt nichts anderes als ein einziges riesiges Unternehmen zu sein – und die übrigens von nicht unbedingt kompetenten Führungskräften geleitet wird. Einige würden sagen: eine riesige Spielbank. Denn man hat uns schnell beigebracht, die geheimnisvollen, mehr oder minder geheimen Gesetze des Wettbewerbs zu respektieren. Gekrönt wird das von Erpressungen: Die Unternehmen und Investoren würden abwandern, Kapital würde mehr oder minder legal transferiert – Dinge, die doch so oder so stattfinden.

Erpressung bei zugezogener Schlinge.

Die Reden und Bedrohungen, die auf geschwächte Gruppen niedergehen, deren Kritikfähigkeit und Klarsicht man mehr oder minder heimlich einschläfert, rufen zwar keinen Beifall hervor, werden aber doch von den handlungsunfähigen Teilen der Gesellschaft zumindest schweigend gebilligt.

Aber wir nehmen dieses Schweigen, das zum wirkungsvollsten Helfershelfer der Ausweitung der Geschäfte wird, die den Planeten zum Schaden der Menschen überschwemmen, nicht zur Kenntnis. Der Primat der Bilanzen wird zum universellen Gesetz, zu einem Dogma, zu einem heiligen Postulat. Mit der Logik der Gerechten, dem unerschütterlichen Wohlwollen der hochherzigen Seelen und großen Tugenden sowie der Seriosität der Theoretiker wird die Not einer immer stärker anwachsenden Zahl von Menschen hervorgerufen, werden Rechte entzogen, Leben zerstört, wird Gesundheit ruiniert, werden Körper der Kälte, dem Hunger und der Leere ausgesetzt.

Kein Ressentiment, keine Feindseligkeit hat das bewirkt, und kein Gefühl, keinerlei Skrupel oder Mitleid hat das verhindert. Keine Empörung, keinerlei Zorn hat sich dagegen erhoben. All das scheint einem allseits akzeptierten Gefühl von etwas Unvermeidlichem zu entsprechen. Es ist dasselbe Gefühl, das (sich darin mit der allgemeinen Mentalität einig) dazu führt, daß die Benachteiligten noch stärker gequält, mit Verachtung gestraft, vor allem aber vergessen werden. Aber selbst dann stören sie noch. Was soll mit diesen Massen geschehen, die nichts mehr fordern (und wenn, dann erst, wenn es zu spät ist), die aber da sind und zur Last fallen? Wie gerne würde man diese Spielverderber, diese Kletten, diese Profiteure loswerden, die sich als unentbehrlich betrachten und behaupten, sie hätten ein Recht zu existieren! Dieser Verlust an Geld und Zeit, zu dem sie einen zwingen, ist höchst ärgerlich. Es wäre so schön, unter sich zu bleiben! Allerdings bedeutet »unter sich« zu sein für viele (vielleicht für die meisten) bald schon, in der Gruppe der Geopferten »unter sich« zu sein, die sich mit enormer Geschwindigkeit vergrößert.

Die »Ausgeschlossenen« sind nun einmal da, verwurzelt wie kaum andere. Man muß sich irgendwie mit ihnen arrangieren, muß unaufhörlich die frommen Wünsche, Refrains, Leitmotive und alten Leiern wiederholen, die auf diese Weise schon an Ticks erinnern. Da ist die Rede von der Arbeitslosigkeit als »unserer größten Sorge«, von der Rückkehr zur Vollbeschäftigung als »unserem wichtigsten Ziel«. Nachdem das einmal gesagt, wiederholt und eingehämmert worden ist, darf nun nur noch nach Maßgabe der Finanzströme, unter der Ägide ihrer Hohenpriester, nachgedacht, beraten und verordnet werden. Vor allem aber, ohne die anderen Zeitgenossen (das heißt den Großteil der Menschheit) im geringsten zu berücksichtigen – außer als derzeit nicht zu umgehende Faktoren, als leichtgläubige Mengen, die so nachlässig wie möglich zu behandeln sind, wobei man das niedrige Qualifikationsprofil dieser Gruppen hervorhebt. Deren Existenzberechtigung zu leugnen würde man jedoch nicht wagen, man wagt auch nicht, sie nur noch als Last zu sehen, als wachsende Menge von Parasiten, die keine andere Empfehlung vorweisen können als die Tatsache, daß es schon immer Massen von Menschen auf der Erde gegeben hat – eine Tatsache, die man als Beweis für Rückständigkeit anzusehen scheint.

Soweit sind wir angeblich noch nicht? Betrachten Sie nur einmal eine so luxuriöse, moderne, komplexe Stadt wie Paris, wo so viele Menschen, alte und neue Arme, unter freiem Himmel schlafen, an Geist und Körper zerrüttet vom Mangel an Nahrung, Pflege, Wärme, Gesellschaft und Respekt. Fragen Sie sich einmal, in welchem Maß die Brutalität einer solchen Lebensweise die Lebensdauer verkürzt* und ob man da noch Mauern und Wachtürme braucht, um diese Menschen einzukerkern.

* »Die Lebenserwartung ist je nach sozialer Schicht unterschiedlich (…) und läßt eine deutliche Abstufung erkennen. So ist das Risiko eines angestellten Arbeiters, vor dem 65. Lebensjahr zu sterben, 2,7 mal höher als das eines leitenden Angestellten und Freiberuflers und 1,8 mal höher als das mittlerer Angestellter und Kleinhändler.« Dieser Tatbestand ist an sich bereits ein Skandal. Aber kann man sich auf dieser Grundlage das Risiko bei Obdachlosen vorstellen? (Quelle: Inserm, SC8, in *INSEE Première*, Februar 1996)

Oder Waffen, um ihr Leben zu bedrohen. Richten Sie Ihr Augenmerk einmal auf die brutale Gleichgültigkeit ihrer Umgebung oder die Ablehnung, der sie ausgesetzt sind. Und das ist nur ein Beispiel unter einer Vielzahl barbarischer Verirrungen, die uns geographisch ganz nahe sind, in unserer unmittelbaren Nachbarschaft liegen, inmitten unserer Gesellschaft entstanden sind. So etwas heißt dann »soziale Verwerfung«. Nicht soziale Ungerechtigkeit, auch nicht sozialer Skandal. Auch nicht soziale Hölle. Nein. Soziale Verwerfung – sozial, genau wie die gleichnamigen Pläne.

3

PARIS? Aber sehen Sie sich Paris doch nur an, sagen Sie. Eine Stadt wie jede andere. Fußgänger flanieren, Autos fahren auf den Straßen. Sehen Sie die Geschäfte, die Theater, die Museen, die Restaurants und Büros, die Ministerien. Alles geht seinen Gang. Die Ferien, Wahlen, Lokalnachrichten, Wochenenden, die Presse und die Bistros. Hören Sie auch nur den geringsten Klagelaut oder auch nur die kleinste Verwünschung? Bemerken Sie häufig Tränen, begegnet man etwa Menschen, die auf der Straße weinen? Entdecken Sie Ruinen? Waren werden gekauft, Bücher veröffentlicht, Modenschauen abgehalten, Feste gefeiert, Recht wird gesprochen. Von der Comédie-Française bis hin zu den Tennisplätzen von Roland Garros wird gespielt. Ein Spaziergang über die Märkte – nicht über die Finanz- oder Weltmärkte, sondern die Märkte, auf denen Blumen, Käse, Gewürze und Wild angeboten werden – hat immer noch denselben Charme. Die Zivilisation läßt sich nicht aus dem Takt bringen …

Sicher, es gibt die Bettler. Verpackungskartons dienen ihnen als Behausung, das Straßenpflaster als Bett. Das Elend in den Ecken. Aber das Leben pulsiert – urban, liebenswürdig, elegant und auch erotisch. Schaufenster, Touristen, Klamotten, ein paar Bäume, Verabredungen – alles geht seinen Gang, nichts deutet auf ein Ende hin.

Aber stimmt das auch wirklich? Sicher: Wenn wir das Leben und seine Erscheinungsformen so akzeptieren, wie sie sich uns darbieten oder wie sie uns dargeboten werden, wenn wir die empfohlenen (um nicht zu sagen die einzig erlaubten) Standpunkte ebenso übernehmen wie die Einstellungen, zu denen man uns ermutigt, wenn wir es gutheißen, daß die Privilegierten immer stärker privilegiert und die anderen an den Rand gedrängt werden, wenn wir uns gemäß der vorgesehenen Ordnung auf dem vorgezeichneten Weg bewegen, wenn wir so weit gehen, das, was wir tadelnswerterweise geschehen lassen, auch noch gutzuheißen, ja, dann werden wir lediglich die so geschaffene Harmonie wahrnehmen. Dann haben wir eine Wahrnehmung übernommen und uns zu eigen gemacht, die die Welt in Übereinstimmung mit ihren Bewohnern sieht, zumindest mit einem immer kleineren Teil von ihnen – aber man hat uns alle Möglichkeiten gegeben, das zu ignorieren, alle Möglichkeiten zu vergessen, uns um diese Menschen Sorgen zu machen. Wir haben alle Tricks genutzt, die uns davon überzeugen können, daß wir uns (wer immer wir auch sein mögen) weder heute noch morgen je auf der Seite des absoluten Unglücks befinden.

So haben wir es dann vermieden, uns zum Schicksal der anderen auch nur die geringsten Fragen zu stellen. Wir haben lieber gar nicht wissen wollen, daß Paris zwar wie alle Großstädte über eine ganze Palette an Elend verfügt, aber den großen Teil davon in abgelegene Ghettos abschiebt, in bestimmte Vororte, die zwar in unmittelbarer Nähe liegen, ihr aber fremder sind als jede ausländische Stadt und weiter entfernt als ein fremder Kontinent. Wir haben das Tabu respektiert, das uns von der anhaltenden, sich parallel zu unserem Leben abspielenden Not fernhält. Wir haben vergessen, wie sehr sich Unglückszeit hinzieht, wie langsam sie vergeht und welche Folter sie ist. Wir haben die schmähliche Erfahrung nicht durchgemacht, überflüssig und störend zu sein. Oder das Entsetzen darüber, unpassend zu sein. Die Besessenheit und die Last des Mangels. Den Überdruß, sogar sich selbst als eine Belästigung ansehen zu müssen.

Die Jungen leben mit einer Energie, die unaufhörlich verachtet und beschnitten wird, die Alten verspüren Müdigkeit und finden keinen Ruheplatz, geschweige denn ein bißchen Wohlbehagen oder etwa Rücksicht. Das ist das Elend der »Ausgegrenzten« und all derer, die auf dem besten Weg dorthin sind und von denen schnell in Vergessenheit gerät, daß jeder von ihnen einen Namen, ein Bewußtsein hat, wenn auch nicht immer einen »festen Wohnsitz«. Alle sind sie ihrem Körper ausgeliefert, der ernährt, beherbergt und gepflegt werden muß, der durchs Leben gebracht werden will und der auf schmerzhafte Weise hinderlich ist. Da leben sie hin mit ihrem Alter, ihren Händen, Haaren, Venen, ihrem komplizierten Nervensystem, ihrem Geschlecht, ihrem Magen. Mit ihrer verkommenen Zeit. Mit ihrer Geburt, die für jeden einzelnen der Beginn seiner Welt war, der Anfang der Zeit, die sie dorthin gebracht hat, wo sie jetzt sind.

Nehmen wir zum Beispiel diesen alten Mann dort: Er ist verbraucht, besiegt, übel zugerichtet, gebrochen, seit langer Zeit vor Entsetzen erstarrt, seit langer Zeit unfrei; er bettelt nicht einmal. Ein alter Blick – ein Blick, den das Elend sogar den jungen Gesichtern, bis hin zu Säuglingen, wie einen Stempel aufdrückt. Die Babygesichter anderer Kontinente während einer Hungersnot, Babys mit Greisengesichtern, mit Auschwitz-Gesichtern, die in Entbehrung und Leid leben, die seit Beginn ihres Lebens mit dem Tod kämpfen und die von Anfang an alles von unserer Geschichte zu kennen scheinen: Sie tragen mehr als sonst jemand das Wissen der Jahrhunderte mit sich, so als ob sie schon alles durchgemacht hätten, als ob sie schon alles wüßten von dieser Welt, die sie verjagt.

Blicke von armen Erwachsenen und von armen Alten – aber kann man ihr Alter überhaupt noch schätzen? Wenn in den Blicken noch eine Erwartung überlebt hat (was bisweilen vorkommt), so sind sie noch weniger zu ertragen. Manchmal gibt es keine schlimmere Angst als die Hoffnung. Kein schlimmeres Zittern. Und keinen schlimmeren Schrecken als lange vor dem Tod ein Ich aufzugeben, das man dennoch sein Leben lang mit sich herumschleppen muß. Diese sinnlosen Schritte. Das Fehlen eines Lebensweges, den man dennoch gehen muß. Diese Gesichter, diese Menschenkörper, die man nicht mehr für Menschen hält, die sich selbst nicht mehr für Menschen halten. Oder die sich als Mensch empfinden oder sich noch an die Person erinnern, die sie einmal waren, für die sie zu sorgen hatten oder glaubten, sorgen zu müssen, und wissen, was aus ihr geworden ist. Erinnert man sich dann und läßt man immer wieder die Spuren der Jahre an sich vorüberziehen, während derer alles verschwand und alles in Resignation erstarrte? Überdenkt man diese mit heimtückischer Langsamkeit vergehende Zeit nochmals, in der man selbst zu einem von jenen wurde, die keiner sieht und denen keiner zuhört – und die selbst nichts mehr sagen? Zu einem von denen, die weder »geachtet« noch anerkannt werden, außer als gleichsam folkloristische Phantasiefiguren, die kein Anrecht auf vollständige Namen haben, sondern mit Wortphantomen versehen werden: Abkürzungen bezeichnen sie im Französischen etwa als SDF (Obdachlose), RMistes (Sozialhilfeempfänger) oder SMIcards (Empfänger des Mindestlohns).

Mit der Anonymität wird die Gefahr noch größer. Diese Abkürzungen bekräftigen die Abschiebung in die Bedeutungslosigkeit, betonen noch den Verlust des Namens, den Verlust einer anerkannten Privatsphäre, die Individualität sowie Gleichheit und Teilhabe am Recht begründet. Sie billigen den Verlust der Vergangenheit und den Entzug einer Biographie, die auf ein paar Großbuchstaben reduziert wird, die keinerlei Eigenschaft, nicht einmal mehr eine negative, ausdrücken und die den Registriermarken gleichen, mit denen Schlachtvieh gekennzeichnet wird. Diese Abkürzungen verharmlosen etwas Skandalöses, sie wollen es in vorgefertigten Kategorien hinter stummen Buchstaben verstecken, die das Unerträgliche totschweigen und das Skandalöse übergehen, indem es offiziell abgesegnet wird.

In diesem Zusammenhang bedeutet die Abkürzung nicht das Vorhandensein einer festangestellten Person mit einer bestimmten Funktion, wie zum Beispiel eines »PDG«, eines Generaldirektors oder Vorstandsvorsitzenden! Ganz im Gegenteil, sie bedeutet das Verschwinden einer Person in der Masse der Ausgestoßenen, der Abwesenden, die alle als gleich angesehen werden, allesamt mit einer Bezeichnung, die nichts definiert. Einzelheiten fallen unter den Tisch, nicht die Spur eines Schicksals oder eines Kommentars ist möglich. Durch soziale Negation oder besser (wenn man hier von »besser« reden kann) durch eine Bezeichnung, die den Menschen negiert, findet Normalisierung statt. Es gibt keine Persönlichkeit mehr. Folglich kann also auch niemandem mehr etwas geschehen. Es kehrt wieder Ruhe ein. Vergessen macht sich breit: das Vergessen einer Gegenwart, die von vornherein festgeschrieben, registriert und zu den Akten gelegt ist. Dadurch wird die Entfernung zu den anderen immer größer, die auf diese Weise die Angst umgehen, eines Tages selbst zu dem Haufen der Ausgestoßenen zu gehören. Will man sich mit Schatten identifizieren, die keine Identität mehr haben?

Diese Ballung von Anonymität findet man in noch größerem Ausmaß bei den riesigen, sich selbst überlassenen Menschenmassen auf anderen Kontinenten. Manchmal sind ganze Populationen Hungersnöten, Epidemien und allen möglichen Formen von Völkermord ausgeliefert und leben oft genug unter der Herrschaft von Machthabern, die von den Großmächten anerkannt und unterstützt werden. Menschenmassen in Afrika, in Südamerika. Das Elend auf dem Subkontinent Indien, so viel Elend in anderen Ländern, und der Westen bleibt gleichgültig gegenüber dem langsamen Sterben genau wie gegenüber dem Massensterben, das an Orten stattfindet, die nicht weiter von uns entfernt liegen als unsere gängigen Urlaubsziele.

Es herrscht Gleichgültigkeit gegenüber den lebendig Geopferten – aber immerhin kommt es zu ein paar Minuten der Ergriffenheit, wenn das Fernsehen ab und an einige Bilder von den Verlassenen und ihren Qualen zeigt und wir uns dann diskret an unserer edelmütigen Entrüstung berauschen, an der Großzügigkeit unserer Ergriffenheit, an unserer Bedrücktheit, der die versteckte Befriedigung zugrunde liegt, ja nur Zuschauer zu sein – allerdings beherrschende.

Nur Zuschauer? Ja, aber wir *sind* es, und daher *sind* wir Zeugen; wir *sind* informiert. Gesichter, Szenen, Scharen hungernder und verschleppter Menschen und Massaker erreichen uns auf unseren Sesseln, unseren Sofas, manchmal in Echtzeit – und sei es auch über einen Bildschirm und zwischen zwei Werbespots.

Unsere Gleichgültigkeit, unsere Passivität angesichts des weit entfernten Schreckens ebenso wie angesichts des Schreckens in unserer Nähe (der geringere Ausmaße hat, aber darum nicht weniger schmerzhaft ist) läßt die schlimmsten Gefahren erwarten. Gleichgültigkeit und Passivität scheinen uns vor dem allgemeinen Unglück zu beschützen, weil sie uns davon fernhalten – aber genau das macht uns anfällig und gefährdet uns. Denn wir sind in Gefahr, befinden uns mitten in ihrem Zentrum. Die Katastrophe hat bereits eingesetzt. Ihre gefährlichste Waffe: die Schnelligkeit, mit der sie sich unmerklich einschleicht, ihre Fähigkeit, keine Besorgnis hervorzurufen, sondern natürlich und ganz selbstverständlich zu erscheinen, ihre Fähigkeit, uns davon zu überzeugen, daß es zu ihr keine Alternative gibt. Ihre Fähigkeit, erst dann erkennbar zu werden, wenn die Prozesse, die sich ihrer Machtübernahme noch hätten entgegenstellen können, inaktiv geworden sind und nicht mehr greifen – und die Fähigkeit, diese Prozesse auch noch anzuprangern.

In diesem Zusammenhang stellen die Obdachlosen, die »Ausgeschlossenen«, jene diffuse Masse von Außenseitern, vielleicht das Substrat jener Massen dar, aus denen künftig unsere Gesellschaften bestehen werden, falls die derzeitigen Strukturen sich so weiterentwickeln wie jetzt. Massen, zu denen wir dann (fast) alle gehören würden.

Im übrigen ist es seltsam, etwas in unseren Regionen des Überflusses für eine nur *theoretisch* mögliche Ungeheuerlichkeit zu halten, was der gegenwärtigen Lage ganzer Bevölkerungen auf anderen, unterentwickelten Kontinenten entspricht. Kann diese Welle der Armut (die in bestimmten Regionen so verbreitet ist) über unsere hochentwickelten Regionen hereinbrechen? Ist so etwas »Ungebührliches« auch in einer hochgebildeten, bestens informierten Gesellschaft möglich, in einer Gesellschaft, die über ein ausgefeiltes Instrumentarium der Kritik, über kritische Sozialwissenschaften verfügt, mit einem ausgeprägten Sinn für die Analyse der eigenen Geschichte? Aber ist unsere Gesellschaft nicht gerade deshalb – aus Saturiertheit, Zynismus, Desillusionierung, manchmal aus Überzeugung, oft aus Nachlässigkeit – in einen Zustand geraten, der analysierende Blicke kaum mehr ermöglicht und in dem ignoriert wird, wie dringlich etwas mehr Scharfblick wäre?

Warum sollten übrigens (so sagen vielleicht manche) einige Länder in Zeiten der Globalisierung, der Produktionsverlagerung und Deregulierung überhaupt weiterhin eine privilegierte Stellung einnehmen – ist »Gerechtigkeit« nicht gerade in Mode?

Bleiben wir ernsthaft. Der eigentliche Skandal liegt in der Tatsache, daß die Katastrophengebiete nicht nur weit davon entfernt sind, ihre Not zu überwinden und die reichen Länder einzuholen, wie man bislang hat glauben können, sondern darin, daß man gegenwärtig das Vordringen dieser Not in Gesellschaften erlebt, die bis dato expandierten und die jetzt zwar immer noch so reich sind wie zuvor, in denen sich aber die Strukturen der Gewinnanhäufung verändert haben. Sich weiterentwickelt haben, würden manche sagen. Diese Strukturen zeigen eine erhöhte Fähigkeit zur Aneignung von Reichtum, die nur in einer Richtung erfolgt, von der eine immer geringere Anzahl Menschen profitiert, während die Anzahl der als nötig erachteten und damit entlohnten Erwerbstätigen ebenfalls abnimmt.

Das bestätigt wieder einmal, daß der Reichtum eines Landes nicht zwangsläufig bedeutet, daß die Bevölkerung wohlhabend ist. Reichtum ist oft der Reichtum einiger weniger, deren Besitztümer nur scheinbar zu lokalisieren und Bestandteil eines gemeinsamen nationalen Vermögens und der Geldmenge eines Landes sind. In Wirklichkeit sind diese Besitztümer Bestandteil einer Organisation und Ordnung ganz anderer Art: der Lobby der Globalisierung. Der Reichtum ist nur auf diese Form der Wirtschaft hin ausgerichtet und ist Lichtjahre von der offiziellen Politik eines Landes entfernt, genau wie vom Wohlstand oder sogar vom Überleben seiner Bewohner.

Man stößt immer auf dasselbe Phänomen: Einige wenige Mächtige, die die Arbeitskraft der anderen nicht mehr benötigen und sie deshalb mitsamt ihren Befindlichkeiten und ärztlichen Bulletins ihrer Wege ziehen lassen. Nur führen diese Wege leider nirgends mehr hin. Wir haben weder eine Ersatzgeographie noch einen anderen Boden, auf den wir zurückgreifen könnten, und so haben sich auf demselben Planeten schon immer dieselben Gebiete aus Gärten in Massengräber verwandelt.

4

Gleichgültigkeit ist grausam. Sie ist die stärkste, wahrscheinlich die einflußreichste Kraft. Sie bildet den Nährboden für so viele Maßlosigkeiten und führt auf schlimme, ja verhängnisvolle Abwege. Unser Jahrhundert legt auf tragische Weise Zeugnis davon ab.

Ein System, das allgemeine Gleichgültigkeit bewirkt, hat damit einen weitaus größeren Erfolg errungen, als wenn es Anhängerschaften gewonnen hätte, die immer nur partiell sein können, seien sie auch noch so stark. Denn in Wahrheit ist es die Gleichgültigkeit, die bestimmten politischen Systemen den Massenzulauf bringt. Die Folgen sind allgemein bekannt.

Die Gleichgültigkeit ist fast immer die Haltung der Mehrheit, und ihre Wirkung ist deshalb nicht zu bremsen. Die friedliche Ahnungslosigkeit der Gesellschaft angesichts einer völligen Einflußnahme bestimmter Kräfte war in den letzten Jahren nicht zu überbieten; noch nie wurden geschichtliche Entwicklungen in einem solchen Ausmaß verschleiert, immer weniger haben wir gemerkt, wie sehr unsere Gesellschaft unterwandert wird. Ein allgemeines Desinteresse breitet sich aus. Es ist so groß, daß es gar nicht wahrgenommen wird. Sorglosigkeit und mangelnde Aufmerksamkeit sind sicherlich das Ergebnis heimlicher, aber zielstrebig angewandter Strategien, die wie trojanische Pferde langsam eingeschleust wurden und sich dabei auf das stützen konnten, worauf sie gezielt hingearbeitet hatten: das Fehlen jeglicher Wachsamkeit. Dadurch sind sie nicht aufzuspüren und arbeiten um so wirksamer.

So wirksam, daß die politischen und ökonomischen Landschaften sich vor den Augen (aber ohne das Wissen) der Öffentlichkeit verwandeln konnten, ohne Aufmerksamkeit oder gar Besorgnis zu erregen. Das neue Schema von globaler Geltung konnte sich unbemerkt in unser Leben einschleichen und herrscht, ohne beachtet zu werden – außer von den ökonomischen Kräften, die dieses Schema entworfen haben. Wir leben in einer neuen Welt, die von diesen Kräften nach unbekannten Regeln regiert wird, agieren und reagieren aber, als ob nichts wäre, und träumen noch immer nach den Regeln einer längst nicht mehr gültigen Ordnung und Wirtschaftsstruktur vor uns hin.

Unsere schläfrige Gleichgültigkeit und unser Schlummer waren so stark, daß wir – wenn wir heute wider Erwarten einen bestimmten politischen oder sozialen Prozeß, ein bestimmtes »politisch korrektes« Piratenstück verhindern wollten – feststellen müssen, daß die Projekte, gegen die wir angehen wollen, während unseres Dämmerzustandes von langer Hand und gegen den Allgemeinwillen sorgfältig vorbereitet worden sind und inzwischen eine so solide Grundlage haben, daß sie die einzigen sind, die den jetzt gültigen Prinzipien entsprechen. Sie erscheinen also als fest verankert, als nicht wieder rückgängig zu machen und oft sogar ganz einfach als eine der vielen politischen Gegebenheiten.

Wenn wir eingreifen (oder einzugreifen glauben), ist bereits alles schon lange eingefädelt. Jede Form des Protestes wurde von vornherein im Keim erstickt. Man hat uns nicht vor die vollendeten Tatsachen gestellt, man hat sie uns direkt aufgezwungen.

Unsere Passivität hält uns in den Maschen eines politischen Netzes verstrickt, das die ganze Welt umspannt. Interessant ist weniger die Frage nach Wert oder Unwert der Politik, die für diese Entwicklung verantwortlich zeichnet, als vielmehr die Tatsache, daß ein solches System, ohne einen Wirbel oder Diskussionen auszulösen, zum gültigen Dogma erhoben werden konnte. Erst spät kam es zu vereinzelten Reaktionen. Dieses System hat aus dem natürlichen Raum einen virtuellen Raum gemacht, es hat die absolute Vorrangstellung des Marktes und seiner Schwankungen etabliert und äußerst geschickt jeglichen Reichtum konfisziert und ihn außer Reichweite gebracht oder in Form von Symbolen abgewertet, die zu Knotenpunkten des abstrakten Geld- und Güterverkehrs wurden und nur noch rein virtuellen Austauschbeziehungen zur Verfügung stehen.

Trotzdem mühen wir uns noch mit Flickschustereien an einem verfallenen System ab, das längst nicht mehr wirkt, aber von uns dennoch für den Schaden verantwortlich gemacht wird, den in Wirklichkeit die Einführung des neuen, allgegenwärtigen, aber verdrängten Systems verursacht hat. Daß unser Augenmerk abgelenkt ist, kommt manchen sehr gelegen, es ermuntert sie, die allgemeine Verwirrung weiter voranzutreiben.

Uns bringt weniger die augenblickliche Situation in Gefahr – sie wäre durchaus zu ändern – als unsere blinde Zustimmung und allgemeine Resignation gegenüber all dem, was völlig undifferenziert für unausweichlich gehalten wird. Sicher, angesichts der Folgen dieser globalen Wirtschaftsführung kommen zwar allmählich Bedenken auf, meistens handelt es sich jedoch um eine unbestimmte Angst, und diejenigen, die sie spüren, wissen nicht, woher sie kommt. Man beklagt die Nebeneffekte (die Arbeitslosigkeit z. B.), dringt aber nicht bis zur eigentlichen Ursache, der Globalisierung vor, deren Entwicklung man nicht anklagt, weil man sie für schicksalhaft hält: Ihre Geschichte geht angeblich bis an die Anfänge der Zeit zurück, ihr Beginn ist nicht zu datieren, und ihr Wirken scheint alles für immer zu beherrschen. Ihre brennende Aktualität entsteht aus der Vergangenheit: Denn alles findet statt, *weil* es stattgefunden *hat*! »Alles schwankt mit der Zeit«, schreibt Pascal. »Die Gewohnheit allein macht das ganze Recht; daß es überliefert ist, ist sein einziger Grund; sie ist das mystische Fundament seiner Autorität. Wer es auf seinen wahren Grund zurückführen will, der hebt es auf.«*

Trotzdem handelte und handelt es sich bei den Veränderungen um eine richtige Revolution, der es gelungen ist, das liberale System derart solide zu verwurzeln und einzuführen, daß es in der Lage ist, jede andere Logik zu verdrängen. Seine logische Struktur ist die allein gültige geworden.

Eine Veränderung, die kein Aufsehen erregte, die nicht einmal offensichtlich war. Und doch gelangte ein neues politisches System an die Macht, das heute alles souverän beherrscht und bereits so stark ist, daß es seine absolute Allgewalt nicht einmal zu zeigen braucht. Ein neues, aber rückschrittliches System, denn es greift auf die Vorstellungen des 19. Jahrhunderts zurück, aus denen der Faktor »Arbeit« jedoch verschwunden ist. Ein Schauer überkommt uns!

Das derzeit herrschende liberale System ist anpas-

* Blaise Pascal, *Über die Religion und über einige andere Gegenstände*, übertragen von E. Wasmuth, Heidelberg, 8. Aufl. 1978, Fragment 294.

sungsfähig und durchlässig genug, um den nationalen Besonderheiten gerecht zu werden. Es ist aber gleichzeitig »global« genug, um diese Besonderheiten allmählich in ein gewissermaßen »folkloristisches« Abseits zu drängen. Es ist streng, tyrannisch und überall verbreitet, aber konturlos, und daher schwer ausfindig zu machen. Es wurde nie als politisches System proklamiert und hält doch alle Fäden der Wirtschaft, die es auf das Geschäftemachen reduziert, in der Hand. Das Geschäftemachen ist darauf gerichtet, sich alles einzuverleiben, was noch nicht zu seiner Sphäre gehört.

Natürlich hat die Privatwirtschaft auch schon lange vor diesen Umwälzungen die Mittel zur Macht besessen, doch ihr jetziges Gewicht verdankt sie ihrem ganz neuen Maß an Autonomie. Die Arbeitermassen, die Bevölkerungsmassen, auf die sie bisher angewiesen war und die Druck auf sie ausüben konnten, sich im Kampf gegen sie zusammentun und sie schwächen konnten, werden für die private Wirtschaft immer entbehrlicher und können sie kaum noch beeindrucken.

Die Machtmittel? Die Privatwirtschaft hat sie noch nie aus der Hand gegeben. Auch wenn sie unterlag oder zu unterliegen drohte, hat sie es immer verstanden, sich ihre Machtwerkzeuge zu bewahren, insbesondere Reichtum und Besitz. Die Finanzwelt. War sie vorübergehend gezwungen, auf gewisse Privilegien zu verzichten, so waren diese immer von wesentlich geringerem Wert als das, was sie behielt.

Selbst bei ihren eigentlich immer vorübergehenden Niederlagen hat die Privatwirtschaft mit beispielloser und durch nichts zu erschütternder Beharrlichkeit weiter die Position des Gegners untergraben. Vielleicht waren das für sie die besten Gelegenheiten, sich neu zu stärken.

Denn aus solchen Rückschlägen ging sie jedesmal gestärkt hervor, sie verstand es, sich klein zu machen, sich zu verstellen, während sie die ihr gebliebenen Waffen polierte, ihre Argumentationen ausfeilte und ihre Verbindungsnetze sicherte. Ihre Ordnung hat alles überdauert. Das Modell, für das sie steht, wurde verleugnet, mit Füßen getreten, verhöhnt und schien sogar in sich zusammenzubrechen – doch in Wirklichkeit ist es immer nur vorübergehend auf Eis gelegt worden. Die Vorherrschaft der privaten Wirtschaft und ihrer herrschenden Klassen konnte immer wiederhergestellt werden.

Denn Staatsgewalt und Macht ist nicht dasselbe. Die Macht hat niemals das Lager gewechselt. Sie pfeift auf die Staatsgewalt, die sie – um sie besser steuern zu können – häufig selbst anderen aufgezwungen und übertragen hat. Die privatwirtschaftlichen Führungsklassen haben zuweilen die Staatsgewalt verloren, die Macht jedoch nie. Pascal schreibt über diesen Begriff der Macht: »Das Reich, das auf Geglaubtheit und Einbildung gründet, herrscht einige Zeit, und diese Herrschaft ist mild und freiwillig; das, das auf der Macht gründet, herrscht immer. So ist die Meinung wie die Königin der Welt, die Macht aber ist ihr Tyrann.«*

Jene Klassen (oder Kasten) haben immer agiert und andere verdrängt oder überwacht, haben verführt und verlockt. Ihre Privilegien sind nach wie vor Inhalt der Träume und Wunschvorstellungen der Mehrheit – auch der meisten von denen, die aufrichtig von sich behauptet haben, sie zu bekämpfen. Das Geld, die Besetzung

* Blaise Pascal, *Über die Religion und über einige andere Gegenstände*, übertragen von E. Wasmuth, Heidelberg, 8. Aufl. 1978, Fragment 311.

der strategisch wichtigen Punkte, die Verteilung der Posten, die Verbindungen zu den Mächtigen anderswo, die Kontrolle über den Geschäftsverkehr, das Ansehen, ein bestimmtes Wissen und sicheres Know-how, der Wohlstand und Luxus ... Es gibt unzählige Beispiele für die »Mittel«, von denen sie nichts hat trennen können. Die Autorität, die man mit staatlicher Gewalt nicht immer erreicht, die aber zur Macht dazugehört, haben sie sich immer bewahrt.

Eine Autorität, die heute keine Grenzen mehr kennt, die alles durchdringt, vor allem das Denken, die allerorts mit der Logik eines Systems in Konflikt geraten ist, das von einer Macht, die sich alles aneignen will und überall präsent ist, bestens eingeführt worden ist. Aber gehörte ihr denn nicht bereits alles? Besaß sie für die Räume, die sie sich jetzt einverleibt, nicht schon längst die Schlüssel? Und dienen diese Schlüssel ihr heute nicht dazu, den Rest der Bevölkerung, den sie nicht mehr braucht, von den grenzenlosen Räumen, die sie als ihr Eigentum betrachtet, fernzuhalten?

Ihre Macht, ihr Einfluß und ihre Begehrlichkeit sind so groß, daß nichts außerhalb ihrer Logik existieren, geschweige denn funktionieren kann. Außerhalb des liberalen Clubs gibt es kein Wohlergehen. Die Regierungen wissen es und beugen sich dem, was zwar eindeutig eine Ideologie darstellt, aber sich insofern davon absetzt, als sie darin besteht, alles Ideologische abzulehnen!

Wir leben im Zeitalter des Liberalismus, der sein Denksystem durchsetzen konnte, ohne es je wirklich formulieren, als Doktrin erarbeiten zu müssen. So verinnerlicht und wirksam war er, noch bevor man ihn zu erkennen vermochte. Er schafft damit ein autoritäres, im Grunde totalitäres System, das sich im Augenblick jedoch noch in der Demokratie versteckt hält. Er ist noch gemäßigt, beherrscht und diskret und darauf bedacht, kein Aufsehen zu erregen. Wir befinden uns in der Gewalt der Stille.

Stille und Gewalt in einem Denksystem, das schließlich zu Postulaten führt, die auf dem Prinzip der Verdrängung beruhen. Der Verdrängung des Elends und der Leidenden, die mit belehrender Ungeniertheit in Kauf genommen und geopfert werden.

Die Folgen dieses unterschwellig wirkenden Systems erweisen sich oft als kriminell, manchmal sogar als mörderisch. In unseren Breiten äußert sich die Aggressivität dieser stillen Gewalt in der gesellschaftlichen Ausgrenzung. Man läßt die anderen dahinvegetieren und zugrunde gehen, und die Verantwortung für das Elend trifft die Opfer, die unauffälligen Kohorten der Arbeitslosen, denen man unterstellt, sie hätten es in der Hand, Arbeit zu finden. Sie müssen Arbeit finden und sind angehalten, welche zu suchen, auch wenn allgemein bekannt ist, daß die Quelle versiegt ist.

Immer dasselbe Lied.

Aus der Liste der Pechvögel wird schnell eine Liste der Ausgestoßenen. Die Last, die sie tragen, macht sie zu einer Last für die Gesellschaft und reduziert sie auf die Rolle des »anderen«, der schon immer mit möglichst geringem Aufwand mißhandelt wurde, zu aller Überraschung aber auch noch fordert, sich herumschlägt, sich verweigert und kämpft. Fehlt es ihm denn so sehr an Sinn für Ästhetik, daß er nicht begreift, wie sehr er die allgemeine Harmonie stört? Hat er denn so wenig Sinn für Moral, daß er uns aus unseren wohligen Träumen reißt? Hat er so wenig staatsbürgerliche Gesinnung, daß er nicht begreift, warum die anderen ihn mit gutem Gewissen unterdrücken? So wenig Bescheidenheit, daß er sich unbedingt in den Vordergrund rücken muß? Schadet er sich denn damit nicht selbst? Denn schließlich wollte »man« ja nur sein Bestes (wobei »man« felsenfest davon überzeugt ist, daß das eigene Wohlergehen mit dem allgemeinen Wohlergehen identisch ist.)

Tatsächlich wurde dieser »andere« schon immer für suspekt gehalten. Natürlich auch für minderwertig – gerade das ist von entscheidender, ja wesentlicher Bedeutung. Auch als Bedrohung wurde er empfunden, und sein Wert erschöpft sich in den Diensten, die er erbrachte und die er jetzt immer weniger erbringt, erbringen kann, da es immer weniger davon gibt. Wen wundert es, wenn sein Wert gegen Null tendiert?

Hier stoßen wir auf die wahren Gefühle der Herrschenden – ganz gleich welchen politischen Systems – gegenüber den »anderen« und erkennen die Grundlagen, auf die sich diese Gefühle stützen. Man begreift schnell (und mit der Zeit wahrscheinlich leider immer besser), wie man, wenn man einmal keinen Wert mehr hat, vom Ausgegrenzten schnell zum Ausgestoßenen wird.

Das Gefälle ist schwindelerregend. Die Arbeit zu verlieren ist auf allen Sprossen der sozialen Leiter überaus schmerzhaft. Es ist für jeden eine schwere und entwürdigende Prüfung. Man wird zunächst aus dem Gleichgewicht gebracht, dann – zu Unrecht – gedemütigt und ist schließlich in Gefahr. Führungskräfte können darunter mindestens genauso stark leiden wie die einfachsten Arbeiter. Es ist erstaunlich, wie schnell man den Boden unter den Füßen verliert, wie hart die Gesellschaft sein kann und wie wenig Hilfe es noch gibt, wenn man kein Geld mehr hat. Auf einmal gerät alles ins Wanken, jeder Ausweg verschließt sich und rückt in weite Ferne. Alles wird unsicher, sogar die Wohnung. Das Leben auf der Straße rückt näher. Fast nichts bleibt dem »Mittellosen« erspart, in keinem Bereich.

Mauern werden aufgerichtet, die gesellschaftliche Ausgrenzung beginnt. Und daß es keinerlei Vernunft mehr gibt, wird immer krasser deutlich. Was für ein rationaler Zusammenhang sollte denn wohl zwischen dem Verlust der Arbeit und der Tatsache bestehen, daß man sich auf der Straße wiederfindet? Die Strafe steht zu dem vorgeblichen, angeblich beweiskräftigen Motiv in keinerlei Verhältnis. Daß der Umstand, nicht bezahlen zu können, nicht mehr in der Lage zu sein, bezahlen zu können, als Verbrechen geahndet wird, ist an sich schon erstaunlich, wenn man es sich genau überlegt. Aber auf die Straße gejagt zu werden, weil man die Miete nicht mehr bezahlen kann, obwohl es offenkundig und ganz offiziell an Arbeit mangelt, oder weil die Arbeit, die man bekommen hat, nicht den wegen der Wohnungsknappheit horrenden Mietpreisen entsprechend entlohnt wird, ist irrsinnig – oder entschieden pervers. Um so mehr als ein fester Wohnsitz Voraussetzung für einen Arbeitsvertrag ist, aber andererseits nur der eine Wohnung findet, der ein Arbeit hat.

Auf die Straße also. Die Straße ist weniger hart und gefühllos als unsere politischen Systeme.

Das Ganze ist nicht nur ungerecht, sondern auch auf grausame Weise absurd und von solch haarsträubender Dummheit, daß die selbstgefällige Haltung unserer sogenannten zivilisierten Gesellschaft nur noch lächerlich wirkt. Vielleicht verweist es aber auch auf die Interessen, die dahinter stehen und durchgesetzt werden. In jedem Fall ist es eine Schande! Aber wen trifft diese Schande, die manchmal den Tod, immer aber ein zerstörtes Leben bedeutet?

Mangelnde Vernunft? Hier ein paar Beispiele:

Da richtet man nicht etwa Vorwürfe an die begüterten Gesellschaftsschichten, die Führungselite, beachtet sie ausnahmsweise einmal nicht, beschuldigt dafür aber bestimmte benachteiligte Schichten, sie seien weniger benachteiligt als andere. Man wirft ihnen vor, weniger schikaniert zu werden als andere! Auf diese Weise werden also die Schikanen zu einem Maßstab erhoben – mit einem Wort: man macht die Tatsache, schikaniert zu werden, zur Norm.

Da hält man diejenigen, die noch Arbeit haben, und sei sie auch unterbezahlt, für Privilegierte, für Profiteure. Arbeitslosigkeit wird auf diese Weise zur Norm erklärt. Einerseits empört man sich über den »Egoismus« der Arbeiter, dieser Satrapen, die sich zieren, ihre unterbezahlte Arbeit mit den Arbeitslosen zu teilen, andererseits aber weitet man die Forderung nach Solidarität nicht etwa auf das Teilen der Vermögen und der Profite aus (denn das würde heutzutage als verrückt, überholt und darüber hinaus als Zeichen schlechter Erziehung gewertet werden).

Dagegen gilt es als durchaus angemessen und angebracht, auf die »Privilegien« gewisser Stammgäste von Grandhotels zu schimpfen – wie etwa die so privilegierten Eisenbahner, die eine höhere Rente beziehen als andere. Ein geradezu lächerlicher Bonus, wenn man an die unzähligen Vorrechte denkt, die die wirklich Privilegierten wie selbstverständlich für sich in Anspruch nehmen und die noch nie in Frage gestellt worden sind. Die Angestellten und Arbeiter jedoch, die sich in ihrer unerhörten Prunksucht erdreisten, eine Gehaltserhöhung zu fordern, werden gerne als gefährliche und raffgierige Schmarotzer gebrandmarkt. Ein bezeichnendes Beispiel ist folgender Vergleich: In ein und derselben Ausgabe einer

Zeitung lesen wir von einer umstrittenen Forderung nach Gehaltserhöhungen – manche wollen die Erhöhungen drosseln, manche sie ganz verweigern –, und unter der Rubrik »Gastronomie« beträgt der Preis, den man für ein Essen im Restaurant für angemessen hält, das Drei- bis Vierfache des geforderten monatlichen Lohnanstiegs.

Ein weiteres Beispiel: Schon lange wird versucht, einen Teil des Landes gegen den anderen auszuspielen. Die einen werden in schamloser Weise zu Bevorzugten erklärt (die Angestellten des öffentlichen Dienstes, die einfachen Beamten), während die wirklich Bevorzugten ungeschoren bleiben und ehrfurchtsvoll als die »Wirtschaftselite«, als die »dynamischen Kräfte« bezeichnet werden. Und wenn man doch von den Direktoren der multinationalen Unternehmen (und im selben Zusammenhang auch von denen der kleinen und mittelständischen Unternehmen) spricht, dann erscheinen sie als die einzigen, die hohe Risiken eingehen, als ruhelose Abenteurer, die sich unentwegt in Gefahr begeben und ständig für alles mögliche Sorge tragen, während die stinkreichen Metrofahrer und die groß Karriere machenden Briefträger es sich auf skandalöse Weise in aller Ruhe wohl sein lassen.

Man spricht auch deshalb von den »dynamischen Kräften«, weil man glaubt, daß sie Arbeitsplätze schaffen und sie erhalten. In Wahrheit schaffen sie trotz aller zu diesem Zweck gewährten Subventionen, Steuervergünstigungen und anderer Hätscheleien keine oder bestenfalls einige wenige zusätzliche Arbeitsplätze (die Arbeitslosigkeit nimmt weiter zu), sondern entlassen ungeachtet der erwirtschafteten Gewinne (die sie zum Teil den oben erwähnten Vergünstigungen verdanken) massenweise Arbeitskräfte.

Diese »dynamischen Kräfte« – früher nannte man sie

ganz einfach »Arbeitgeber« – drängen nun plötzlich die Musiker, Maler, Schriftsteller, Forscher und die übrigen Gaukler in die Rolle der Überflüssigen, ganz zu schweigen von der übrigen Menschheit, die – völlig verblüfft über diese Rollenverteilung – wie arme Würmer untertänig die Vitalität dieser Kräfte bestaunt.

Wer zu den Usurpatoren gehört, die sich in schamloser Selbstsucht mit der Sicherheit ihres eigenen Arbeitsplatzes zufriedengeben und sich von der Panik angesichts der prekären, unstabilen Lage und der Stellenstreichungen nicht betroffen fühlen, stellt eine große Gefahr dar. Schlimmer noch: Er verlangsamt das Dahinsiechen des Arbeitsmarktes. Dieses Dahinsiechen und die Panik sind nämlich die Lebensgrundlagen der prosperierenden modernen Wirtschaft und die besten Garanten für den »sozialen Zusammenhalt«.

Die Arbeitslosigkeit also als Staatsfreund Nummer 1?

Ist es nicht auch etwas verwunderlich, daß ein Land, in dem sich wachsendes Elend ausbreitet (das gilt auch für viele andere führende Industriestaaten) und das stolz auf seine »Armenküchen« ist (deren Notwendigkeit einer Anklage gleichkommt), es trotz allem wagt, sich als viertgrößte Wirtschaftsmacht der Welt zu feiern? Und ist es nicht ebenso verwunderlich, daß diese viertgrößte Wirtschaftsmacht sich zwar in die Brust wirft und ihre Muskeln spielen läßt, sich aber trotzdem – so gut es geht – der Probleme (z. B. im Gesundheits-, Erziehungs- und Wohnungswesen) entledigt? Als Vorwand dient dabei der Hinweis, daß eine Investition in diesen Bereichen bedauerlicherweise »unrentabel« sei.

Es wäre schrecklich undankbar, sich nun als so übertrieben rational, materialistisch und trivial zu erweisen und die Frage zu stellen, was diese munteren Exportbewegungen und die erfreulich positive Außenhandelsbilanz denn an konkreten Ergebnissen mit sich bringen. Natürlich treibt es uns vor Stolz die Röte ins Gesicht, wenn wir – umgeben von den Kartonbehausungen der Obdachlosen und den Statistiken über die steigende Arbeitslosigkeit und den zurückgehenden Konsum – unseren Platz auf dem Siegertreppchen einnehmen und daran denken, daß wir die *Nummer vier* sind. Trotzdem sind all diese Erfolge für das Leben der Arbeitslosen und Vorstadtbewohner offenbar ohne Auswirkungen.

Für die zahlreichen Unternehmensgruppen, Verbände und Finanzmakler sieht das allerdings ganz anders aus. Die Firmendirektoren haben aus ihrer Sicht allen Grund, sich zu beglückwünschen und einen ihnen adäquaten Lebensstil zu führen, was ja als durchaus legitim gilt.

Ihr klares Denken ist sehr verführerisch – sie folgen natürlicherweise ihrer eigenen Logik und ihren eigenen Interessen, mit der bewundernswerten Fähigkeit und beneidenswerten Klugheit, sich über die Verhältnisse, die für das Elend verantwortlich sind, keine Gedanken zu machen und das Elend nur dann betroffen und entrüstet zur Kenntnis zu nehmen, wenn es ihnen in einem Roman oder Theaterstück begegnet. Die ansonsten vor sich hinschlummernde Großherzigkeit erlebt in solchen Momenten einen sturmartigen Ausbruch, der sich nach der Lektüre oder der Filmvorstellung allerdings schnell wieder legt. Lediglich auf der Ebene der Unterhaltung und Zerstreuung werden sie mit Armut und Ungerechtigkeit konfrontiert, und auschließlich in diesem Zusammenhang begreifen sie das Ausmaß des Leidens und nehmen es ernst. Aber sie lassen sich nur solange darauf ein, wie die dadurch ausgelösten Emotionen behaglich und kontrollierbar erscheinen.

Greifen wir einmal zur Lektüre, etwa zu Victor Hugos *Die Elenden*: Cosette und ihre Mutter lösen starke Gefühle aus, auf Leinwand und Bühne genau wie im Buch. Und dann Gavroche, den sie in der Stadt verabscheuen. Die größten Ausbeuter, selbst die grausamsten, kaltblütigsten, dickbäuchigsten Naturen identifizieren sich mit den Unterdrückten und deren Beschützern. Doch wer identifiziert sich mit den Thénardiers? Keiner! Wirklich nicht? … Nein! Undenkbar! Wir alle fühlen mit Cosette, mit Gavroche. Unter Umständen auch mit Jean Valjean. Vielleicht gerade mit Jean Valjean, wenn man es sich genau überlegt. Sie alle, wir alle sind Menschen vom Typ Jean Valjean. Und ganz besonders natürlich die »dynamischen Kräfte« der Nation – sie sind so etwas wie Musterexemplare von Jean Valjean.

Die kapitalistische Utopie hat sich noch zu Lebzeiten ihrer Anhänger, der Wirtschaftbosse, verwirklicht. Warum sollten sie sich nicht darüber freuen? Ihre Genugtuung versteht sich doch von selbst und ist nur menschlich. Allzu menschlich? Das ist nicht ihre Sache, die beschränkt sich auf das Geschäftemachen. Außerdem haben sie auch kaum die Zeit, sich mit solchen Fragen aufzuhalten, denn sie sind viel zu sehr damit beschäftigt, nach immer größerem Profit zu streben, der für sie – seien wir ehrlich – mit »Erfolg« gleichzusetzen ist.

Ihre Welt ist faszinierend und berauscht sie, und durch ihre despotische Reduzierung funktioniert sie auch. Sie ist zwar unheilvoll, hat aber für diejenigen, die an ihr partizipieren, doch einen Sinn. Die Logik dieser Welt, ihre unbestrittene Intelligenz führt jedoch unweigerlich zum Desaster – zu ihrer Vormachtstellung. Wie heuchlerisch auch ihre Ausführungen sein mögen, die Macht dieser Welt dient immer eigenen Interessen und unterstützt jene Selbstherrlichkeit, die glaubt, alles, was ihr Gewinn einbringt, sei gut für alle, und es sei für die subalterne Welt ganz natürlich, wenn sie geopfert würde.

Einstweilen muß man den Wirtschaftsführern ein weiteres Mal durchaus recht geben. Sie sind es sich schuldig, eine günstige Situation und die gesegneten Umstände unserer Zeit zu nützen, in der keine Theorie, keine glaubwürdige Gruppierung, keine Denkungsart und kein ernstzunehmender Widerstand ihnen mehr im Wege stehen.

Auf diese Weise erleben wir wahre Meisterwerke der Überzeugungskunst, die uns glauben machen, daß eine Politik, die das soziale Chaos, die Verelendung der großen Mehrheit herbeiführt oder gar beschleunigt, nicht nur die einzig mögliche, sondern tatsächlich auch die einzig erstrebenswerte sei, und zwar in erster Linie für eben diese Mehrheit.

Das wichtigste Argument, dargeboten als ewiger Refrain: das ständig wiederkehrende und jedesmal aufs neue magisch wirkende Versprechen von der »Schaffung neuer Arbeitsplätze«. Man weiß, daß es sich dabei um eine leere, längst abgedroschene Formel handelt, aber trotzdem kommen wir nicht an ihr vorbei. Wollte man aufhören zu lügen, so würde man auch bald aufhören, an derlei Formeln zu glauben. Dann würde man endlich erwachen und begreifen, daß man sich in einem Alptraum befindet, der nichts mehr mit dem bisherigen Schlummer zu tun hat: Man müßte der brutalen Wirklichkeit, der unmittelbaren Gefahr ins Auge sehen. Dem Schrekken, der allergrößten Not. Vielleicht auch der Panik des endgültigen »zu spät!« angesichts einer allgemein besiegelten, wahrlich planetarischen Situation.

Und all dem steht man wehrlos gegenüber. Es sei denn, Scharfblick, Genauigkeitssinn, erforderliche Wachsamkeit und scharfes Nachdenken wären Waffen, mit denen man zumindest Selbständigkeit erringen könnte, mit denen man den Standpunkt der anderen nicht blind übernehmen müßte, sondern eine eigene Perspektive und eigene Kategorien entwickeln könnte und so zu anderen Erkenntnissen über sich selbst käme als durch die Sicht der anderen.

Wer das Urteil der anderen nicht mehr übernimmt und sich nicht mehr daran ausrichtet, betrachtet auch deren Wertmaßstab nicht mehr als den allein verbindlichen und fühlt sich ihnen nicht mehr auf Gedeih und Verderb ausgeliefert. Das wäre ein erster Schritt weg von der auf den Arbeitslosen lastenden Schmach und eine Möglichkeit, sich jeder Form von Unterordnung zu entziehen.

Das wäre ein Schritt (vielleicht der einzige), aber noch keine Lösung. Es geht mir hier auch nicht darum, Lösungen zu finden. Dies ist Aufgabe der Politiker, der Gefangenen des kurzfristigen Planens und Denkens, zu dessen Geiseln sie werden. Die Wählerschaft erwartet von ihnen zumindest das Versprechen, für rasche Lösungen zu sorgen. Und sie lassen es sich auch nicht nehmen, Versprechungen zu machen. Man wird sich hüten, sie von ihren Versprechen zu entbinden. Aber was tun sie denn in der Regel anderes, als sich in aller Eile mit irgendwelchen unwichtigen Detailproblemen zu beschäftigen, die im besten Fall notdürftig gelöst werden, um das allgemeine Dilemma besser ertragen zu können? Doch Dilemma und Elend bleiben, sie werden sogar oft nur noch schlimmer, denn durch das Aufbauschen der Detailprobleme werden sie lediglich kaschiert.

Der Zwang, schnelle Lösungen präsentieren zu müssen, lenkt von den eigentlichen Problemen ab, beugt jeder Klarsicht vor und lähmt die Kritik. Denn es ist leicht, den Kritikern in wohlwollend-ironischem Ton zu entgegnen: »Ja, ja ... und was schlagen Sie vor?« Nichts! Der Gesprächspartner ahnte es schon und ist bereits beruhigt: Wenn keine mögliche Lösung in Aussicht ist, verschwindet auch das Problem. Denn ein solches Problem sehen zu wollen wäre irrational. Und es kommentieren oder beurteilen zu wollen, erst recht.

Eine Lösung? Vielleicht gibt es gar keine. Aber sollte man nicht wenigstens versuchen, die Fragen und Probleme einmal darzustellen, und zu verstehen versuchen, was man erlebt? Um wenigstens diese Würde zu bewahren? Nicht an die Möglichkeit einer Lösung zu glauben, das Problem aber dennoch aufgreifen zu wollen, gilt allgemein als blasphemisch, als ketzerisch, auf jeden Fall aber als unmoralisch und schwachsinnig, ja geradezu als absurd.

Deshalb haben wir es mit einer Vielzahl von »Lösungen« zu tun, die alle mehr oder weniger unbefriedigend sind, mit einer Vielzahl von versteckten, geleugneten und verdrängten Problemen und Fragen.

Natürlich ist es möglich, daß es keine Lösung gibt; allerdings bedeutet dies meistens, daß das Problem nicht richtig gestellt worden ist, daß es nicht da liegt, wo man es vermutet.

Wer bereits vor der Untersuchung eines Problems darauf besteht, *daß* es eine Lösung gibt, und sei es auch nur eine theoretische, behandelt das Problem als ein Postulat, entstellt es sozusagen und weicht damit allen möglicherweise nicht zu umgehenden Hindernissen und den entmutigenden Folgen nur aus. Umgangene Hindernisse sind aber noch lange nicht verschwunden, sondern werden nur größer, heimtückischer. Wenn man sich ihnen entzieht, werden sie um so hartnäckiger und gefährlicher.

Das Hauptaugenmerk richtet sich darauf, die Dinge zu verfälschen, zu umgehen und zu meiden, doch das Entscheidende wird dabei nicht angesprochen. Aber was noch schlimmer ist: Man hält die Probleme für gelöst.

Auf diese Weise ist man der Kritik des Problems aus dem Weg gegangen und hat es vermieden, sich dem Gedanken zu stellen, daß es vielleicht keinen Ausweg aus der Situation gibt (das hätte einen nämlich dazu gezwungen, sich mit der augenblicklichen Situation auseinanderzusetzen). Statt dessen lenkt man sich mit wenig plausiblen Lösungen ab, mit Lösungen, an die zwar niemand glaubt, die aber dennoch für real gehalten werden. Man ist der Härte, der unerträglichen Angst der Gegenwart entgangen, deren Bedrohung man verdrängt hat. Der entscheidende Betrug bleibt nicht nur unentdeckt, sondern breitet sich weiter aus: Man hält sich mit unechten Problemen auf, um die wirklichen Fragen nicht stellen zu müssen.

Damit diese wirklichen Fragen gar nicht erst aufkommen, hütet man sich momentan davor, den Betrug aufzudecken. Aber riskiert man nicht, solange man die Aufdeckung des Schlimmsten fürchtet, noch tiefer in das ganze Elend mit hineingezogen zu werden? Bedeutet das nicht, mit schwindenden Kräften weiterzukämpfen, ohne genau zu wissen, wo und gegen wen man kämpft? Und warum?

Ist es nicht schrecklich, einer Frage, von deren Beantwortung unser Überleben abhängt, mit einer solchen Passivität, Lähmung und Verkrampfung zu begegnen? Denn eine der wirklichen Fragen ist, ob wir überleben oder nicht!

Der politische Apparat bemüht sich jedoch, von diesen Fragen abzulenken und sie unter den Teppich zu kehren. Er tut alles, um die Öffentlichkeit auf andere interessante Fragen aufmerksam zu machen und sie so von den wahren Problemen abzulenken.

Verstärkt angewandt wird diese Ablenkungstaktik, wenn es um das gern unterschätzte Problem der fehlenden Arbeitsplätze und um die in allen Bereichen zu beobachtende künstliche Arbeitsbeschaffung geht. Nur wenn die unechten Probleme zurückgestellt und die wahren, verdrängten Probleme wieder in Angriff genommen werden, wenn die verheimlichten Probleme ans Licht der Öffentlichkeit gezogen werden und die künstlich aufrechterhaltenen Probleme (die schon längst keine Bedeutung mehr haben) vom Tisch kommen; nur dann werden die dringenden, wirklich wichtigen Fragen erkennbar, die bisher noch nicht einmal angedeutet worden sind. Fragen, die sicher die Doppelzüngigkeit der Staatsgewalten oder besser: der Mächte entlarven und deren Interesse an einer Gesellschaft bloßstellen, die weiterhin von dem überholten, auf Erwerbsarbeit gegründeten System abhängig ist.

Dieses Interesse ist in den sogenannten »Krisenzeiten«, die sich günstig auf den Markt auswirken, noch stärker: Die Bevölkerung befindet sich in Panik, sie ist betäubt und total angepaßt; Arbeit und Dienstleistungen sind nahezu umsonst zu haben; die Regierungen sind der allmächtigen Privatwirtschaft völlig hörig oder zumindest so stark von ihr abhängig wie nie zuvor.

Diesem Interesse dienen die raschen »Lösungen« für eine verfahrene Situation, die aber weder definiert noch analysiert, geschweige denn eingehend untersucht und verändert worden ist. Das Scheitern dieser künstlichen, dilettantischen und sabotierten »Lösungen« dient als willkommene Bestätigung dafür, daß es eigentlich nur eine Antwort gibt: die Gesellschaft in ihrem gegenwärtigen Zustand verrotten zu lassen.

Die Dringlichkeit des Problems zwingt dazu, klare Feststellungen zu treffen. Sie allein unterliegen nämlich nicht dem radikalen Verbot, all das, was gegenwärtig vertuscht wird, wahrzunehmen. Lediglich mit klaren Feststellungen können wir schonungslos offenlegen, was normalerweise kaschiert und dadurch manipuliert wird. Nur wenn man die Entwicklung in ihrer Bewegung, in ihrer Verwandlung und in ihrer Widersprüchlichkeit festhält, wird man sie unverfälscht und frei von allen konstruierten, falschen Schlußfolgerungen wahrnehmen und ihren wahren Charakter entdecken können.

Erst wenn wir alle fiktiven Lösungen los sind, haben wir vielleicht eine Chance, endlich die wahren Probleme wahrzunehmen und nicht die, mit denen man uns ständig ablenken will. Nur über einen Bruch mit den raffiniert zurechtgelegten Geschichten, falschen Sichtweisen und Täuschungen kommen wir an die Dinge heran, die uns wirklich angehen. Danach könnten wir versuchen, sie zu analysieren und – freilich ohne jede Garantie – die Probleme zu lösen. Zumindest wüßten wir dann, worum es geht und worauf wir auf keinen Fall hereinfallen sollten: auf groß aufgebauschte Scheinprobleme. Erst dann – und nur dann – wird es möglich, gegen ein Schicksal und *für ein anderes* Schicksal zu kämpfen und die Fähigkeit zu erlangen (oder wiederzuerlangen), unser Schicksal – und sei es noch so furchtbar – in die eigenen Hände zu nehmen.

5

Vielen Jugendlichen bleibt eine offene, aufregende Zukunft voller Hoffen und Bangen versagt. Sie werden daran gehindert, einen Platz in der Gesellschaft zu finden, die sich ihnen als die einzig mögliche und auch als einzig ernstzunehmende und erlaubte Gesellschaftsform aufzwingt. Diese Gesellschaftsform gleicht einer Fata Morgana, da sie zwar die allein zulässige ist, ihnen aber verschlossen bleibt. Sie allein gilt, schließt viele Jugendliche aber aus; sie allein umgibt sie, bleibt ihnen aber unzugänglich. Hier ist die Widersprüchlichkeit einer Gesellschaft zu erkennen, die auf »Arbeit«, das heißt auf Beschäftigung gegründet ist, während der Arbeitsmarkt nicht zur zum Stillstand kommt, sondern bereits zusammenbricht.

Diese Widersprüche finden sich, bedrohlich vertieft, in bestimmten Vorstädten. Denn wenn es sich schon für die Mehrheit als schwierig und wenig aussichtsreich erweist, Eingang in die Arbeitswelt zu finden, so gibt es für andere überhaupt keine Chance auf ein solches Recht – das gilt zuallererst für die Jugendlichen aus den sogenannten »schwierigen« Vorstädten. Es ist immer wieder dasselbe Phänomen: daß nur eine einzige Form des Überlebens möglich ist, diese Möglichkeit aber längst verwirkt wurde.

Für die Vorstadtjugend, die von Anfang an für dieses Problem prädestiniert, untrennbar mit ihm verbunden ist, kennt das Unheil weder ein Ende noch Grenzen, nicht einmal trügerische Grenzen. Ein sorgfältig ausgelegtes Netzwerk (das fast schon Tradition hat) verwehrt den jungen Menschen den Erwerb legaler Mittel, mit denen sie ihr Leben bestreiten könnten, verwehrt ihnen aber auch jedes Recht auf Anerkennung. Sie sind bereits aufgrund ihrer Herkunft marginalisiert, bereits vor ihrer Geburt geographisch festgelegt und von Anfang an verstoßen, sie sind die »Ausgeschlossenen« par excellence. Weltmeister des Ausgeschlossen-Seins! Sie wohnen schließlich an Orten, bei denen man bereits während der Planung hätte voraussehen können, daß sie zu Ghettos werden würden. Früher waren es Arbeiterghettos, heute sind es die Ghettos derjenigen, die ohne Arbeit, ohne Zukunftspläne leben müssen. Ihre Adresse ist das *no man's land* – als solches erweisen sich die Vorstädte vor allem unter sozialen Gesichtspunkten; allgemein wird das mit »Niemandsland«, »Land derer, die keine Menschen sind« oder sogar »Land der Nicht-Menschen« übersetzt. Es sind Gebiete, die systematisch angelegt worden zu sein scheinen, damit die Bewohner dort zugrunde gehen. Vollkommen unbewohnbare Gegenden.

Diese Jugendlichen, die nicht für immer »die Jugendlichen« spielen, sondern erwachsen werden, die altern werden, sofern ihr Leben sie am Leben läßt, haben wie jedes menschliche Wesen die Last ihrer Zukunft zu tragen. Aber es ist eine leere Zukunft, aus der alles Positive, worüber die Gesellschaft verfügt (oder das, was man dafür ausgibt), im voraus schon fast systematisch entfernt worden ist. Was können sie von der Zukunft erwarten? Wie wird ihr Alter aussehen, falls sie es je erreichen?

Ihr Leben vollzieht sich in Ungerechtigkeit und offenkundiger Ungleichheit, ohne daß die Beteiligten dafür verantwortlich zu machen wären, ohne daß sie sich selbst in diese Lage gebracht hätten. Ihre Grenzen standen schon vor ihrer Geburt fest, und die logischen Folgen ihrer Geburt waren ebenso vorauszusehen wie die Ablehnung und die mit so viel Gleichgültigkeit verbundene mehr oder weniger stillschweigende Zurückweisung, die sie erfahren.

Aus dieser Gleichgültigkeit schreckt die Gesellschaft immer wieder empört auf: »Sie« gliedern sich nicht ein, »sie« nehmen nicht alles mit der Dankbarkeit an, die man zu Recht erwarten könnte. Zumindest nehmen sie es nicht an, ohne sich zu wehren, ohne (übrigens vergeblichen) Zorn, ohne Verstöße gegen die Gesetze des Systems, das sie ächtet und im Abseits gefangenhält. Und sie nehmen es auch nicht an, ohne auf die unterschwellige, permanente Aggression mit um so brutalerer offenkundiger und explosiver Aggression zu antworten, die sich gezwungenermaßen fast immer vor Ort in ihrem Ghetto entlädt. Eine faktische, aber nie offen benannte Trennung sondert sie ab – »sie« jedoch besitzen die Frechheit, sich nicht einzugliedern, seien sie nun französischer Abstammung, Franzosen ausländischer Herkunft oder Ausländer.

Aber in was sollen sie sich eingliedern? In die Arbeitslosigkeit, ins Elend? In die Ablehnung? In die Leere der Langeweile, in das Gefühl, unnütz zu sein oder gar parasitär? In eine Zukunft ohne Perspektive? In welche Randgruppe, in welches Armutsniveau, in welche Art von Prüfungen, in welche Zeichen der Verachtung? Gliedern Sie sich gern in Hierarchien ein, die Sie sofort abweisen, da Sie auf der untersten Stufe der Erniedrigung kleben, ohne daß man Ihnen je die Möglichkeit gäbe, sich zu beweisen? In eine Ordnung, die Ihnen gewissermaßen von Amts wegen jedes Recht auf Achtung verweigert? In dieses ungeschriebene Gesetz, wonach den Armen nur das Leben von Armen, die Anteilnahme von Armen (das heißt keine Anteilnahme) und die Arbeit von Armen zugestanden wird (wenn es denn welche gibt)?

Wenn man hier eine Unterscheidung nach jungen Menschen französischer Abstammung und Einwandererkindern vornähme (ob sie nun das Recht auf die französische Staatsbürgerschaft haben oder nicht), so wäre man bereits in eine der Fallen geraten, die dazu ausgelegt wurden, um vom Wesentlichen abzulenken, indem man teilt, um zu herrschen. Es geht hier vor allem um *Arme*. Und um *Armut*.

Rassismus oder Fremdenfeindlichkeit gegenüber Jugendlichen (oder Erwachsenen) ausländischer Abstammung können dazu beitragen, vom wahren Problem, nämlich dem Elend und der Not, abzulenken. Das Problem des »Ausgeschlossenen« wird auf Fragen der unterschiedlichen Hautfarbe, Nationalität, Religion oder Kultur reduziert, die angeblich nichts mit dem Gesetz des Marktes zu tun haben sollen. Dabei sind die Ausgeschlossenen doch – wie immer – die Armen. Massenhaft. Die Armen und die Armut. Selbst wenn man Arme gegen Arme aufhetzt, Unterdrückte gegen Unterdrückte und nicht gegen die Unterdrücker, gegen das, was unterdrückt, so wird doch immer auf die Armut selbst gezielt, die kujoniert wird und die man ablehnt. Unseres Wissens hat man höchst selten einen arabischen Würdenträger gesehen, der ausgewiesen und in ein Charterflugzeug verfrachtet wurde!

Die Armen sind von Anfang an unerwünscht, sie werden von Anfang an dorthin geschafft, wo nur Mangel und Entrechtung herrscht: in die so nahen und doch so wenig zu uns gehörenden Gebiete, zu denen unsere Vorstädte geworden sind, zu denen man sie hat werden lassen. Dort hat man sich eines Teils derer entledigt, die man nicht mehr braucht, und sie auf diese Weise ins Abseits gestellt, hat sie in meisterhaft konstruierte Orte heimlicher Auslöschung abgeschoben. Man hat sie in jene geächteten Räume der völligen Leere verwiesen – was man anderswo findet, existiert dort nicht, weshalb man sich dieser Dinge dort sehr viel stärker bewußt wird. Ein Umfeld des Mangels. Orte der Aberkennung (die ebensogut aber auch Orte der Gewohnheiten, des Vertrauten, der Erinnerung sein könnten, sein sollten). Orte des Verzichts, die Einsiedlern und ihrer Askese angemessen wären. Entmutigende Rahmenbedingungen. Augenfällige Symbole einer Verfremdung und einer Melancholie, die sie zugleich zum Ausdruck bringen und bewirken, die sie vermitteln und schaffen.

In dieser Leere, in dieser endlosen Vakanz verkommen Schicksale, gehen Energien verloren und enden Lebenslinien. Diejenigen, deren Jugend dort ohnmächtig gefangen ist, sind sich dessen bewußt und halten sich nicht damit auf, ihr weiteres Leben zu planen. Auf die Frage »Wie stellst du dir dein Leben in zehn Jahren vor?« antwortete einer von ihnen: »Ich kann mir nicht mal vorstellen, wie ich nächste Woche leben werde.«*

Kann man nachvollziehen, was sie in der Langsamkeit der sich hinziehenden Tage empfinden, während sie keinerlei Anrecht auf die Dinge haben, die man ihnen als essentielle Bestandteile des Lebens vor Augen hält? Während sie nicht nur für wertlos, sondern aus der Perspektive der vermittelten Werte schlicht und einfach für inexistent gehalten werden – Werte, für die sie sich, wie

* France 3, *Saga-cités*, 10. Februar 1996.

man verwundert feststellt, ebensowenig begeistern wie für den Unterricht, der sie ihnen vermitteln soll!

Warum sollten sie sich aufregen? – fragt sich die allgemeine Meinung erstaunt. Da sie die Armen sind, ist es doch ganz natürlich, daß sie es sind. Ist es nicht ganz natürlich, daß es so weit mit ihnen gekommen ist, da sie ja hier wohnen?

Die Vorurteile gegen diese Jungen und Mädchen sind derart schlimm und verbreitet, daß man sie sogar dafür verantwortlich macht, in diesen Vierteln zu wohnen. Man braucht nur ihre enormen Schwierigkeiten zu sehen, wenn sie bei der Arbeitssuche ihre Adresse angeben müssen. Es geht hier nicht darum, Engel aus ihnen zu machen, ihre Tendenz zur Straffälligkeit und Kriminalität zu leugnen, aber man muß doch festhalten, daß sich auf beiden Seiten Selbstbezogenheit ausbreitet, auf ihrer wie auf der Seite jener, die sie abweisen. Unsicherheit? Aber was fügt man ihnen denn anderes zu? Räumen wir ein, daß sie für das verantwortlich sind, was jeder von ihnen aus seiner Situation macht. Aber in diese Situation haben sie sich nicht freiwillig begeben, sie haben sie nicht geschaffen, geschweige denn ausgesucht. Nicht sie waren die Architekten jener tödlichen Orte, nicht sie waren die Politiker, die diese Orte geplant, gebilligt und in Auftrag gegeben haben. Sie sind keine Machthaber, die angeblich die Arbeitslosigkeit erfunden und die Arbeit abgeschafft haben, an der es ihnen genau wie ihren Familien so mangelt! Sie werden nur stärker als alle anderen dafür bestraft, keine zu haben.

Die von ihnen angerichteten Schäden sind offensichtlich, aber was ist mit den Schäden, die sie erleiden? Ihr Leben verläuft wie ein vager, nicht enden wollender Alptraum, den eine ohne sie funktionierende Gesellschaft geschaffen hat, die sich immer stärker auf die mehr oder weniger stillschweigende Zurückweisung dieser Jugendlichen stützt.

Der Zynismus jedoch bringt jede Macht dazu, aufkommende Ressentiments gegen die zu wenden, die sie unterdrückt. Das kommt uns sehr gelegen, da das soziale Unglück nach allgemeiner Überzeugung eine Strafe ist. Es ist tatsächlich eine – eine äußerst ungerechte.

Die zugrunde gerichteten Leben der jungen (und weniger jungen) Menschen rufen keinerlei Gewissensbisse bei den anderen hervor. Gewissensbisse haben nur die, die sich schämen, verabscheut zu werden.

In diesem im Wortsinn unbeschreiblichen Umfeld ist ihre Brutalität, ihre Gewalt nicht zu leugnen. Aber die Verwüstungen, deren Opfer sie sind? Ausgelöschte Schicksale, zerstörte Jugend. Eine ausgelöschte Zukunft.

Man nimmt ihnen übel, daß sie reagieren und angreifen. In Wirklichkeit sind sie trotz ihrer Gewaltbereitschaft – aber auch durch sie – in einer Position völliger Schwäche, sie sind isoliert und zur totalen Hinnahme, wenn nicht gar zur Billigung gezwungen. Ihr Aufbegehren ist dem Widerstand von in die Falle geratenen Tieren vergleichbar, die bereits besiegt sind und es wissen – und sei es nur aus Erfahrung. Sie haben keine »Mittel«, sind in einem allmächtigen System gefangen, in dem sie keinen Platz finden, von dem sie sich aber auch nicht lösen können. Sie sind fester als alle anderen inmitten derer verwurzelt, die sie zum Teufel schicken möchten und daraus keinen Hehl machen. Sie sind (und wissen es), ohne Arbeit, ohne Geld, ohne Zukunft, ohne Einspruch erheben zu können. Jede Energie ist verloren. Aus diesen Gründen sind sie Opfer eines unterschwelligen, gärenden

Schmerzes, der gleichzeitig Wut erzeugt und entmutigt.

Stellen Sie sich *die* Jugend, Ihre Jugend, die Ihrer Angehörigen in diesem Zustand vor, den man auf allen Ebenen der Gesellschaft (wenn auch abgeschwächt, latenter und weniger fatal) kennenzulernen beginnt. Alle legalen Möglichkeiten, die sie hat, werden ihr verweigert. Selbst die Sorge ist unnütz, wenn es keine Hoffnung mehr gibt, wenn die Zukunft sich als identisch mit der Gegenwart zu erweisen beginnt, ohne Ziele – außer der Aussicht, daß man älter wird –, während doch das Leben ruft. Niemand hat ihnen je zu verstehen gegeben, was ihr einziger Luxus, die sogenannte »freie« Zeit, an Reichtum bergen könnte, die tatsächlich frei sein, mitreißend sein könnte, sie mitreißen könnte – die sie in Wirklichkeit aber unterdrückt, die ihre Stunden mit Angst erfüllt und zu ihrem Feind wird.

Der größte Skandal liegt vielleicht darin, daß ihnen Werte entzogen werden, die man ihnen heute verbietet (die kulturellen Werte, die Werte der Intelligenz), da die Jugendlichen kein »lukratives Käuferpotential« darstellen, vor allem aber, weil es gefährlich wäre, dynamische Elemente in ein System eindringen zu lassen, das Lethargie zum Ziel hat, das einen Zustand fördert, den man vielleicht vorsichtig als Agonie bezeichnen könnte.

Natürlich könnte die Verachtung, die sie sich selbst gegenüber empfinden, als genauso skandalös erscheinen: Sie entsteht durch die Verachtung, durch den Mangel jeglichen Respekts vor ihnen und ihren Angehörigen. Verdrängte Beschämung, die sich in Haß verwandelt, umgibt sie. Beschämung – auch wenn sie verdrängt wird – kann nicht verhindern, daß die Jugendlichen sich bereits am Anfang ihres Lebens selbst für gestrauchelt halten (und dafür gehalten werden) – einzig und allein, weil sie existieren und wie so viele Opfer dazu gebracht werden, sich schuldig zu fühlen, sich selbst mit dem entwertenden Blick der anderen zu betrachten und sich denen, die sie verurteilen, anzuschließen.

Glaubt man etwa, sie könnten sich weigern, derart in ihrem Zustand erstarrt gehalten zu werden, glaubt man etwa, sie könnten dessen Rechtmäßigkeit leugnen oder das ihnen auferlegte Schicksal kritisieren, ohne den Eindruck zu erwecken, sie seien subversiv? Ohne den Eindruck zu erwecken, dumm und bösartig dem Unausweichlichen Widerstand zu bieten? Und wer sollte sie unterstützen? Welche Gruppen? Welche Texte? Welches Denken? Sie können ihr Schicksal und ihr Joch nur auf Umwegen abwerfen, häufig mit dem Mittel der Gewalt und der Illegalität, die sie noch mehr schwächen und durch die sie in gewisser Weise den Wünschen jener entsprechen, die ein Interesse daran haben, sie im Abseits und in gerechtfertigter Vernachlässigung zu halten.

Von diesen Verstoßenen, Beiseitegeschobenen, die in das soziale Nichts gestoßen werden, wird das Verhalten pflichtbewußter Bürger erwartet, denen ein staatsbürgerliches Leben mit Pflichten und Rechten versprochen ist. In Wahrheit wurde ihnen doch jede Möglichkeit, irgendeine Pflicht zu erfüllen, genommen, und ihre bereits stark eingeschränkten Rechte werden mit Vergnügen verhöhnt. Welche Trauer, welche Enttäuschung bedeutet es, zu sehen, wie sie die Benimmregeln, den Anstandskodex derer verletzen, von denen sie abgeschoben, geduzt, beiseite gestoßen und ohne lange zu fragen verachtet werden! Wie betrüblich, daß sie die guten Manieren einer

Gesellschaft, die auf so großzügige Weise ihren Abscheu gegen sie bekundet und ihnen dabei hilft, sich selbst als Außenseiter zu betrachten, nicht übernehmen!

Wer nimmt hier wen nicht ernst?

Man schlägt ihnen unter verschiedenen Etiketten und unter dem Deckmäntelchen der Arbeitsbeschaffung die unsinnigsten Beschäftigungen zu schlechtester Bezahlung vor wie etwa – das ist bislang die letzte Erfindung – die Rolle von Polizisten zu spielen, ohne bei der Polizei zu sein: in ihren eigenen Wohnhäusern, bei ihren Verwandten und Freunden – oder besser gesagt: gegen sie! Wir sind nicht mehr weit entfernt von amtlich anerkannter Denunziation und in unmittelbarer Nähe eines geschickt eingefädelten Bandenkrieges. Beruhigen wir uns: Dieses Projekt eines Projektes wird genau wie so viele Projekten morgen bereits in Vergessenheit geraten sein. Das endlose Geschwätz wird jedoch die Medien und die Geister beeinflußt und allen die Zeit wieder ein bißchen vertrieben haben. Die Phantasie der Kräfte, die an der Macht sind, ist grenzenlos, wenn es darum geht, das Publikum mit blödsinniger Flickschusterei zu unterhalten, die keine (oder schädliche) Auswirkungen auf gar nichts haben.

Am allerwenigsten auf die Jugendlichen, die in einer Phantomwelt eingeschlossen sind. Die einzigen anerkannten Werte in dieser Welt der Verbitterung und des Mangels an Perspektiven sind die bürgerlichen Tugenden, die zum größten Teil an die Erwerbsarbeit gekoppelt sind – und daher nicht ansatzweise verwirklicht werden können –, oder die Werte der durch die Werbung geheiligten Waren, die die Jugendlichen aber ebensowenig erwerben können – wenigstens nicht auf legalem Wege.

Sie sind von dem ausgeschlossen, was man von ihnen fordert (und damit auch von dem eventuell vorhandenen Verlangen, diesen Forderungen zu entsprechen); so bleibt ihnen nur, andere Verhaltenskodexe zu erfinden, die in abgeschlossenen Kreisen gelten. Rebellische, sich absetzende Kodexe. Oder sie geben bestimmten Verlockungen nach, wie den Drogen oder dem Terrorismus. Die Versuchung, deren Proletarier zu sein. Die Proletarier von etwas zu sein: So weit sind wir!

Was haben sie zu verlieren, wo sie doch nichts anderes vorgesetzt bekamen als Lebensmodelle, denen sie nicht entsprechen dürfen? Modelle, die die Gesellschaft den jungen Menschen auferlegt, ohne ihnen jedoch zu erlauben, sich ihnen gemäß zu verhalten. Die Unmöglichkeit, den Anforderungen von Milieus zu entsprechen, die ihnen nicht zugänglich sind und von denen sie zurückgewiesen werden, wird sofort als brutale Ablehnung empfunden, als Zeichen ihrer Unfähigkeit, als Beweis ihrer Anomalität und als idealer Vorwand, um sie mehr und mehr zu ignorieren, sie in ihren Vorstädten aufzugeben, sie mit Verachtung zu strafen und zu vergessen.

Im Abseits!

Hier erreicht man die Gipfel der Absurdität, der planmäßigen Leichtfertigkeit und der Trostlosigkeit. Denn genau wie ihre Eltern (und im Prinzip wie ihre Nachkommen) sind sie aus einer auf einem nicht mehr funktionierenden System beruhenden Gesellschaft ausgeschlossen, außerhalb derer es jedoch weder Heil noch sozialen Status gibt. Zumindest keinen legalen.

Vielleicht verkörpern sie für die Gesellschaft die eigene, noch verborgene, unterdrückte Agonie, ein Bild dessen, was das Verschwinden der Arbeit in einer Gesellschaft hervorruft, die es sich in den Kopf gesetzt hat, in der Arbeit ihren alleinigen Maßstab und ihre einzige Grundlage zu sehen. Ganz sicher begegnet sie in ihnen dem Schreckbild der eigenen Zukunft, und dieses Bild, das unbewußt als Vorbote begriffen wird, verstärkt die Erstarrung noch und verstärkt auch den Wunsch, sich anders als jene zu definieren, die am Rande stehen.

Vielleicht veranschaulicht das Bild dieser jungen Menschen, was die ängstliche Gesellschaft für sich selbst fürchtet. Sie umgibt sie mit etwas, was nur noch ein Schatten seiner selbst ist, was sie in einem fast abgeschafften System hält, aus dem sie sie verstößt.

So sind sie gefangen, für immer verstoßen, im Angesicht des Nichts, im Schwindel einer Deportation an Ort und Stelle, eingeschlossen in Kerkerräume, die keine faßbaren Mauern haben und aus denen man daher auch nicht fliehen kann. Wenn reale Mauern fehlen, ist eine Flucht unmöglich.

Da sind sie nun, in einem Alter, in dem sie eigentlich zu erblühen beginnen sollten, und haben bereits überlebte Träume voll aussichtsloser Nostalgie. Sie tragen ein vom Haß verschleiertes leidenschaftliches Verlangen nach dieser überlebten Gesellschaft in sich und sind sicherlich die letzten, denen diese Gesellschaft falsche Hoffnungen gemacht hätte! Nur die Ausgestoßenen, die entmündigt an ihrem Rande leben, können diese Gesellschaft noch für das Gelobte Land halten. Wie in einem schlechten Roman steigern sich die Liebe und ihre Wahnvorstellungen angesichts der Abweisung durch die Geliebte oder den Geliebten.

Manche dieser Jungen – vielleicht nicht nur sie – sind von einem verrückten Traum besessen: sich in eine Gesellschaft einzugliedern, die geographisch ganz nahe liegt, aber ihr ganzes Leben lang unerreichbar bleiben wird. Viele von ihnen – und zwar sehr viel mehr, als man glaubt – verspüren das Verlangen, einen viel präziseren, aber genauso irrealen Traum zu verwirklichen: Arbeit zu finden. Die Arbeit als Gral, als ritterliches Ziel! Aber sie gehören nicht im entferntesten in die Kategorie der edlen König-Artus-Ritter, sie gehören eher in die Kategorie … Bovary. Ja, in die Kategorie Emma Bovary! Da hungern sie nun, genau wie Emma, nach etwas, was sein sollte und doch nicht ist, begierig auf etwas, was zwar nicht versprochen, aber doch zumindest erzählt und angepriesen wurde. Begierig auf etwas, wovon sie träumen, was aber fehlt. Da stehen sie nun, genau wie Emma, und nehmen das Fehlen dessen, was sich ihnen entzieht, nicht hin. Sie vermuten es anderswo, begegnen ihm aber nie, weil es nie eintritt. Und so gibt es nur den unendlichen Ozean der Langeweile und nur den Verlust für alle Zeit – inmitten von Besitzenden.

Da sind sie, die Opfer des Mangels, wünschen sich sehnlichst, was es nicht gibt, und sind – wie Emma – frustriert von einem Lebensentwurf, der den Charakter einer Chimäre hat, aber dadurch nur um so prächtiger wirkt. Sie sind ohne soziale Stellung, so wie Emma ohne Liebe ist. Genau wie Emma verlieren sie, begierig und all dessen beraubt, was sie für real hielten, jede Scham. Sie versuchen das nachzuahmen, wonach sie vergeblich verlangen, und karikieren es. Es sei denn, die Gesellschaft wäre vielleicht die Karikatur dessen, was das Leben sein könnte, was es vernünftigerweise sein müßte. Flaubert, der Gehilfe der Träume von Madame Bovary, von der er sagte: »Madame Bovary bin ich«, wußte das.

Sie stehlen also genau so, wie Emma Schulden machte, nehmen Drogen, so wie sie liebte, um etwas zu erreichen, was es nie gegeben, was man ihnen aber als erreichbar, wünschenswert, notwendig und gewiß angepriesen hat. Genau wie Emma leben sie im Zwang »der ewig gleichen Tage«, sie erhoffen sich »unendlich viele überraschende Wendungen«* und versuchen genau wie sie, in ihrer jeweiligen Provinz eine Rolle (und zwar eine maßgebliche) zu spielen, und sei es auch außerhalb des Verhaltenskodexes und der Gesetze. Genau wie Emma werden sie sich schließlich vergeblich gefährdet und abgemüht haben, um logischerweise besiegt zu enden. Während sich in der Zwischenzeit die Moral der ordengeschmückten, schwadronierenden Homais, die das Gift, das sie aufbewahren, scheinbar in Sicherheit bringen, wieder einmal – diesmal vielleicht endgültig – verbreitet.

Vor allem überdecken sie den globalen Terror scheinbar in einem solchen Maß mit ihren pompös-erbaulichen Reden und ihrem Geschwätz, daß man es gar nicht mehr wahrnimmt. Besser noch: Man wird auch gegenüber der Schönheit, die dem heldischen Kampf von Menschen gegen diesen magischen Terror innewohnt, blind und unzugänglich. Ein Kampf, der nicht gegen den Tod geführt wird, sondern der geführt wird, um mit großem Elan das seltsame, das seltene Wunder ihrer Leben zum Scheitern zu bringen. Ihre wunderbare Fähigkeit, sich selbst zu erfinden, das kurze Intermezzo ihres Lebens auszuschöpfen. Die unbeschreibliche Schönheit, die aus dem irren Willen entsteht, diese Apokalypse irgendwie zu bewältigen, Einheiten zu schaffen, oder – besser – ein Detail zu ziselieren, oder – noch besser – ihre eigene Existenz in den Tumult der Verschwindenden einzufügen. Von überall her an einer gewissen, wenn auch schrecklichen

* Gustave Flaubert, *Madame Bovary*.

Kontinuität teilzuhaben, während ihre Körper und ihr Atem durch die Zeitläufte zerstört werden. Ein bewundernswerter Stoizismus, der das Leben davor bewahrt, nichts als ein Vorspiel des Todes zu sein.

6

Fügen wir hier eine Klammer ein, die uns aber weder vom »Problem der Vorstädte« noch von den Problemen derer entfernen wird, deren mehr oder minder wissentlich verfälschte Geschichten uns wie Gift eingeträufelt werden. Betäubt vom Geschwätz der Homais, deren wahre Aufgabe darin besteht, zu narkotisieren und zu verdummen, schlucken wir diese Geschichten mit beunruhigender Bereitwilligkeit.

Die Aufgabe der Kultur dagegen besteht unter anderem darin, Kritik an den einfältigen Schulmeistereien der Homais hervorzurufen – und dieser Kritik die erforderlichen Mittel zu verleihen. Es zu ermöglichen, auch anderes vernehmen zu lassen, und sei es Schweigen. Die Kultur sollte uns lehren, der Kritik zuzuhören, ihr Murren an uns heranzulassen, ihre Sprache wahrzunehmen, ihren Klang hervordringen zu lassen, der sich eine bislang unbekannte Bedeutung schafft – all das bedeutet, sich ein wenig vom herrschenden Gegacker zu befreien, weniger im allgemeinen Geschwätz verhaftet zu sein, dem Denken mehr Platz zu schaffen.

Denken kann gewiß nicht gelehrt werden, es ist die verbreitetste, spontanste und natürlichste Sache der Welt – aber auch die Tätigkeit, von der man sich am leichtesten ablenken läßt. Denken kann verlernt werden. Alles wirkt darauf hin. Sich dem Denken hinzugeben erfordert Kühnheit, da sich ihm doch alles entgegenstellt. Häufig genug stehen wir dem Denken selbst im Weg! Sich daran zu machen erfordert etwas Übung, man muß zunächst einmal die Epitheta vergessen, die das Denken als streng, verzwickt, abschreckend, leblos, elitär, lähmend und grenzenlos langweilig hinstellen. Und man muß die listigen Argumente widerlegen, die an die Kluft zwischen Intellekt und Irrationalität, zwischen Denken und Fühlen glauben machen wollen. Wenn man das erreicht, dann ist das fast eine Art Heilszustand! Denken kann jedem ermöglichen, im Guten wie im Schlechten zu einem Bewohner mit vollem Recht zu werden, einer, der – ganz unabhängig von seinem Status – frei ist. Daß so etwas kaum unterstützt wird, kann nicht überraschen.

Denn nichts mobilisiert so wie das Denken. Denken ist alles andere als ein trübsinniges Verharren, es ist vielmehr die Quintessenz des Tätigseins. Es gibt keine subversivere, keine gefürchtetere Tätigkeit. Es gibt auch nichts, was stärker verleumdet würde, und das ist weder zufällig noch harmlos: Denken ist politisch. Und zwar nicht nur das politische Denken. Bei weitem nicht! Die bloße *Tatsache zu denken* ist politisch. Deshalb der heimtückische und dadurch um so effizientere Kampf, der heute so heftig wie nie zuvor gegen das Denken geführt wird, gegen die *Fähigkeit zu denken.*

Denken ist eine Fähigkeit, die mehr und mehr zu unserer letzten Rettung wird.

Ich möchte hier nur kurz ein Erlebnis erwähnen, von dem ich an anderer Stelle bereits ausführlich erzählt habe*: Bei einer Tagung 1978 im österreichischen Graz brach der gesamte Saal in schallendes Gelächter aus, als einer der Redner das (internationale) Publikum fragte,

* In: *La Violence du calme*, Paris 1980.

ob es Mallarmé, »einen französischen Dichter«, kenne. Mallarmé nicht kennen! Später ergriff ein Italiener das Wort und empörte sich über das Gelächter. Auch er nannte eine Reihe von Namen. »Kennen Sie sie?« Keiner von uns kannte auch nur einen einzigen davon. Es waren die Markennamen von Maschinengewehren. Er kam gerade aus einem seiner Ansicht nach vorbildlichen Land zurück, einem Land im Bürgerkrieg, in dem »90% der Einwohner« diese Namen kannten, aber niemand den von Mallarmé. Wir waren also elitäre, blasierte Snobs, mit einem Wort »Intellektuelle«. Wir hatten keinen Sinn für die wahren Werte, die unseren waren nichtig, narzistisch, armselig und unnütz. Dabei gab es doch Kämpfe auf der Welt zu kämpfen. Und zwar dringend. Empört und voller Zorn betrachtete er uns. Demutsvoll und kleinlaut – um so mehr, als das Thema der Tagung ausgerechnet »Literatur und Lustprinzip« lautete, wie peinlich! – hatte der Saal ihm applaudiert.

Etwas daran störte mich: Ich hatte um das Wort gebeten und hörte mich nun sagen, daß es nicht erstrebenswert sei, es natürlich zu finden, daß eine unermeßliche, eine gigantische Mehrheit keine andere Wahl habe, als Mallarmé nicht zu kennen. Eine Mehrheit, die sich nicht dafür entschieden habe, ihn nicht zu lesen, sondern für die das Lesen seiner Werke ebensowenig zur Debatte stand wie auch nur seinen Namen zu kennen. Während unser Kritiker ihn natürlich kennen mußte, schon um in der Lage zu sein, unsere Bildung zu verachten.

Nun gibt es unter den unzähligen sozialen Gruppen, die den Namen Mallarmé nicht kennen, denselben Anteil von Männern und Frauen, die fähig wären, Mallarmé zu lesen, fähig, zu wissen, ob er ihnen gefallen würde oder nicht, wie in unserer Gruppe, die eine so winzige

Minderheit darstellt. Nur hatten sie im Gegensatz zu uns nicht das Recht auf unsere Ausbildung, unseren Zugang zu Informationen gehabt, durch die sie von seiner Existenz hätten erfahren und entscheiden können, ihn zu lesen oder nicht, und – nach dem Lesen – Mallarmé zu mögen oder nicht.

Wenn der Mann am Maschinengewehr, wenn die Bauern in Afrika (ich hörte mich eine heute aus der Mode gekommene Liste wiederholen, die unser Freund aufgezählt hatte), die Bergleute in Chile, die angelernten Arbeiter in Europa (heute würde man sagen Arbeitslose*) nichts von Mallarmé und den Wegen wußten, die zu ihm führen, dann doch nicht aus freien Stücken: Sie hatten schlicht keinen Zugang zu ihm. Und überall wurde darauf geachtet, daß das auch so blieb. Für sie gab es die Maschinengewehre. Für andere die Freiheit, gerne Mallarmé zu lesen oder nicht.

* Heute, fast zwanzig Jahre später, könnte unser Freund eine andere Frage stellen. Zu diesem Zweck müßte er nicht einmal reisen, es würde ihm ausreichen, durch die Arbeitsämter zu ziehen. In Frankreich würde er die spezifische Kultur derer kennenlernen, die auf der Suche nach einem der immer weniger werdenden Arbeitsplätze sind. Sie sind (fast) die einzigen Initiierten dieser Kultur (aber sie sind zahlreich und werden immer zahlreicher!). Eine Kultur, die sich als sehr viel hermetischer erweist als jede beliebige Seite von Stéphane Mallarmé! Die Welt der Abkürzungen. »Kennen Sie die Bedeutung«, könnte er fragen, »von PAIO, von PAQUE, RAC, DDTE, FSE, FAS, AUD oder CDL, um nur diese zu nennen?« Was hätten Sie geantwortet? (DDTE etwa ist die Departementsdirektion für Arbeit und Beschäftigung, FAS ist die Abkürzung für einen Sozialfonds, der vor allem die Wohnungsbeschaffung und berufliche Weiterbildung der Gastarbeiter fördert.)

Wenn die Bauern in Afrika oder anderswo die Möglichkeit hätten, selbst über die Inhalte ihres Wissens zu entscheiden, aus der gleichen Fülle auszuwählen, über die wir verfügen (so hörte ich mich fortfahren), würde sich endlich etwas ändern. Ist es ein Vorzug, den Namen Mallarmé nicht zu kennen, dafür aber den eines Maschinengewehrs? Wir konnten versuchen, darüber zu entscheiden. Unser Freund entschied für sie. Sie konnten es nicht. Sie hatten diesen Freiraum, dieses Recht nicht. Wir hatten es.

Sind die Führer der politischen Bewegungen auf allen Seiten – im Falle eines konkreten Krieges auf den beiden Seiten – einander nicht näher und zum Austausch untereinander nicht befähigter als jeder einzelne von ihnen mit ihren jeweiligen Anhängern, mit ihren Befehlsvollstreckern – vereinfacht gesagt mit den Männern an den Maschinengewehren?

Die Systeme, die mehr oder weniger langsam, mehr oder weniger offenkundig, auf mehr oder weniger tragische Weise in Sackgassen führen, wären sehr viel bedrohter, ihre Regierungen würden sehr viel stärker kontrolliert, wenn Mallarmé mehr Leser hätte, zumindest potentielle. Und die Machthaber irren sich darin nicht. Sie wissen sehr gut, wo die Gefahr liegt. Wenn ein totalitäres Regime an die Macht kommt, so sind es die Mallarmés, die instinktiv als erste aufgespürt, ins Exil getrieben oder beiseite geschafft werden, auch wenn sie nur ein kleines Publikum haben.

Die Arbeit eines Mallarmé ist *nicht* elitär. Sie strebt danach, die Schale aufzubrechen, die uns gefangenhält. Sie strebt danach, die Sprache, ihre Zeichen, ihre Reden zu dechiffrieren und uns dadurch weniger taub und weniger blind zu machen gegenüber dem, was man uns zu verbergen sucht. Sie strebt danach, unseren Raum auszuweiten, das Denken zu üben, zu verfeinern und zu lockern, das allein Kritik und Klarheit ermöglicht – diese großartigen Waffen.

Maschinengewehre sind brutal, manchmal sind sie unumgänglich, um das Schlimmste zu verhüten, aber ihre Gewalt ist planbar, sie ist Teil des Spiels und dient fast immer der ewigen Wiederkehr derselben Veränderungen. Man hat durch ihren Einsatz die Glieder vertauscht, ohne die Gleichung zu verändern. Die Geschichte besteht aus solchen Ausbrüchen. Der Hierarchie geht es dabei gut.

Wenn Mallarmé gelesen wurde, dann wurden auch bestimmte Fähigkeiten erworben, die zu bestimmten Fertigkeiten führen könnten und auf diesem Weg zum Erwerb bestimmter Rechte. Die Fähigkeit, dem System nicht in den reduzierenden Begriffen zu antworten, die es uns anbietet und die jeglichen Widerspruch verhindern. Die Fähigkeit, die Schwachsinnigkeit der Welt, in der man uns gefangenhält, offenzulegen, einer Welt, über deren Bürde die Mächtigen sich beklagen, obwohl sie sie doch aus freien Stücken geschaffen haben.

Um die Menschen aber besser unterwerfen zu können, lenkt die jeweilige Macht – und zwar ganz egal, zu welchem Lager sie gehört – den menschlichen Organismus von der schwierigen, gefährlichen Übung des Denkens ab, sie vermeidet die Genauigkeit, die so selten ist, ja schon die Suche nach der Genauigkeit, um die Massen besser dirigieren zu können. Das Denken ist einigen wenigen vorbehalten und erhält ihnen die Herrschaft.

»Mallarmé«, so hörte ich mich schließen …

In diesem Augenblick hat ein Mann im Publikum gerufen: »*Mallarmé is a machine gun!*« – Mallarmé ist ein Maschinengewehr!

Er hatte recht.

Ich ließ ihm das Schlußwort.

7

Im Leben dieser jungen Menschen, der jugendlichen Bewohner der sogenannten »schwierigen« Viertel (bei denen es sich eher um Viertel handelt, in denen Menschen unter großen Schwierigkeiten zu leben versuchen) stehen an der Stelle des Namens Mallarmé keine Typenbezeichnungen von Maschinengewehren, sondern nur Leere und das Fehlen von Plänen, Zukunftsperspektiven, das Fehlen jeder Glücksvorstellung, eines Hoffnungsschimmers; all das könnte aber durch Kenntnisse aufgewogen werden, die sogar ein gewisses Vergnügen daran wecken könnten, sich auf den Weg zu Mallarmé zu begeben.

Machen wir uns nichts vor!

Aber besteht der einzige Luxus dieser Jungen und Mädchen nicht in der freien Zeit, die es ihnen unter anderem ermöglichen könnte, Streifzüge in die aufregenden Gefilde des Geistigen zu unternehmen? Doch die freie Zeit ermöglicht nichts, weil die jungen Menschen an ein starres, abgenutztes System gefesselt sind, das ihnen genau das aufbürdet, was es zugleich verweigert: eine Existenz, die an eine Tätigkeit als Arbeitnehmer gebunden ist und von dieser Tätigkeit abhängt. Ein sogenanntes »nützliches Leben«, die einzig anerkannte Lebensform, die die jungen Leute jedoch nicht leben werden, weil sie schon für die anderen immer weniger lebbar ist. Dessen ungeachtet hält sie das Phantom dieses Lebens in einer Existenz gefangen, die von der Leere beherrscht wird.

Das lastet schwer, sehr schwer, auf der Tristesse der Vorstädte.

Auf der anderen Seite steht eine reiche, sprudelnde, köstliche, aber verachtete Welt, die vielleicht ebenfalls dabei ist, zu verschwinden (zugegebenermaßen tat sie das schon immer, es ist eines ihrer typischen Merkmale) – aber nicht die Welt des *Jet-set*, sondern die Welt der Forschung, des Denkens, des Witzes und der Begeisterung. Die Welt des Intellekts, ein Begriff, den man (von der Gesellschaft darin unterstützt und ermutigt) mit entschiedener Verachtung ablehnt – wie es etwa jene Dummköpfe tun, die sich komplizenhaft zuzwinkern, das Wort wie ein Schimpfwort aussprechen und sich dabei der allgemeinen Zustimmung und des sofort ausbrechenden höhnischen Gelächters sicher sein können. Ein solches Verhalten ist alles andere als unschuldig.

Für die Welt des Intellekts wären viele der zur Untätigkeit verurteilten jungen Leute genauso geeignet wie andere, wenn sie nur Zugang zur ihr hätten. Sie sind sogar leichter verfügbar als andere, weil sie mehr Zeit haben – mehr Zeit, die frei sein *könnte*, aber zu unausgefüllter Zeit wird, so daß man sich ebensogut erschießen kann, eine Zeit der Schande und des Verlusts, in ihrer Wirkung einem schleichenden Gift vergleichbar, obwohl es sich um das kostbarste aller Güter handelt, obwohl sie doch gerade dank dieser Zeit aus voller Kraft leben könnten.

Aber so etwas anzunehmen, so etwas für möglich zu halten würde man zu Recht für den Gipfel der Absurdität halten. Um so mehr als diese jungen Menschen bereits den elementarsten Schulbesuch sehr negativ erleben. Sie stehen so weit am Rand der Gesellschaft, daß man sich nicht weit auf ihr Terrain wagt, dessen Gesetze man nicht kennt, und sie im Gegenzug nur in die wenigsten unserer Lebensräume eindringen.

Die Bewohner dieser Zonen werden stillschweigend, aber streng in einem Abseits gehalten, in dem sie auch bleiben. Die Mauer ist unsichtbar, unberührbar, aber darum nicht weniger wirksam.

Gehen Leute aus anderen Stadtvierteln in diesen Vorstädten bummeln, die so nah an die Zentren, von denen sie abgeschottet sind, angrenzen? Nein, weil man diese Orte für gefährlich hält und häufig aus gutem Grund. Aber denkt man auch daran, daß ihre Bewohner bereits in das gefährliche Loch gestürzt sind, gestürzt wurden, das jeder fürchtet: die permanente soziale Ausgrenzung, die so perfekt ist, daß sie beinahe schon wieder alltäglich erscheint?

Sieht man die Bewohner der Vorstädte häufig außerhalb ihrer Viertel oder vergleichbarer Orte umherlaufen? Was haben sie mit den anderen, mit uns gemein, außer dem Fernsehen, manchmal der Metro, der Werbung und dem Arbeitsamt? Sieht man sie anderswo als auf dem Bildschirm, in ihrem Gehege gewissermaßen, in gleichsam ethnologischen oder folkloristischen Sendungen, oder bei uns, in unserem eigenen Gehege, anläßlich ihrer seltenen, aufregenden Besuche, die sie uns abstatten, aber eben in ihrer Eigenschaft als Krieger, die über ihre Grenzen geschritten sind?

Wer hat diese Grenzen gezogen? Ziehen die Jugendlichen der Vorstädte tatsächlich die technischen Fachschulen den Gymnasien der besseren Viertel vor? Ziehen sie ihre verwaisten Lebensräume begünstigteren Gegenden vor? Sind sie aus einem Stoff geschaffen, der ihnen den Zugang verbietet? Oder liegt es ganz einfach an ihrer Armut?

Die einzige soziale Gruppe, die sie mit einer Gesellschaft verbindet, der sie offensichtlich nicht angehören, ist die Polizei. Aber diese Beziehung, in der das häufig tragische Spiel dermaßen vorhersehbar dem der jeweils anderen Seite entspricht, derart in derselben Routine, der gleichen Brutalität und mit denselben Fallen erfolgt, ist so eng, daß seine Rituale fast schon inzestuös erscheinen.

Die einzige Institution, die man ausschließlich zum Nutzen der Jungen schafft und dabei Konzeptionen folgt, die eng mit ihrer Zukunft zusammenhängen und ihrem weiteren Lebenslauf entsprechen, ist das Gefängnis.

Es gibt einen weiteren Ort, wo die Jugendlichen der anderen Seite auf einem klar umgrenzten Terrain begegnen: die Schule. Hier stehen sie, oft zum ersten und manchmal auch zum letzten Mal, den Menschen gegenüber, von denen sie ausgegrenzt werden. Von Angesicht zu Angesicht, auf demselben Boden, im Rahmen einer engen, alltäglichen Beziehung, die offiziell Pflicht ist. Und es ist offensichtlich, daß sie auf dieser Ebene in den meisten Fällen nicht einig sind.

Und das aus einem entscheidenden Grund: Ganz unabhängig von ihrer finanziellen und sozialen Lage und ihrer Motivation stammen die Lehrer von der privilegierten Seite der Mauer und lassen die Schüler auf der anderen stehen.

Wie wertvoll oder nützlich sie auch immer sein mögen, Lehrer und Institution Schule gehören zu denjenigen, die ausgrenzen und erniedrigen. Zu jenen, die die Eltern (und folglich auch deren Kinder) in eine Sackgasse drängen, um sie dort, auf Lebenszeit in die Enge getrieben, zu vergessen. Die Lehrer sind die Abgesandten einer Nation, die diese Schüler und ihre Familien gängigerweise als Außenseiter, als Unberührbare behandelt – ob es sich dabei um französische Bürger handelt oder nicht. Und das kann (auch wenn es ein falscher Eindruck ist) wie ein feindseliges Eindringen wirken, wie die Verletzung eines Territoriums, das sonst vernachlässigt wird.

Wie wohlbegründet dieses Eindringen auch immer sein mag, dieser letzte Rest verblassender Verheißungen, die letzte Anstrengung der Demokratie, ein letztes Zeichen für die Teilhabe aller am Gemeinwesen oder zumindest für den Willen zur Gleichheit und ein letztes Indiz für einen Rechtsanspruch, dessen Wert (und sei er auch nur symbolisch) unersetzlich ist – dieses Eindringen kann aus der Sicht von Kindern, die von vornherein zu den Opfern gehören, einer Provokation gleichkommen. Und wie immer die Einstellung und die Ansicht der Lehrer ist: Dieses Eindringen ist eine Folge der allgemeinen Geringschätzung und findet in den Vorstädten statt, wo die Geringschätzung und ihre Konsequenzen am deutlichsten hervortreten und zur Schau gestellt werden.

Der Unterricht könnte für die Schüler ein Geschenk sein, die Teilhabe an einer besseren Welt ermöglichen und eine einzigartige Hilfe darstellen. Doch man beschränkt den Unterricht auf ein striktes Minimum und beendet ihn so früh wie möglich. Diese Vorstellung einer »letzten Chance« hebt die Not und die Gefahr, die die Schüler bedroht, hervor und bewirkt bei Lehrern wie Schülern eine heimtückische Angst, die die Spannungen noch verschlimmert.

Auch die Verklärung der verführerischen Werte der anderen Seite, die aber immer gleich fern und unerreichbar, in Wahrheit verboten bleiben, wird noch verstärkt. Und das um so mehr, als sie allem Anschein zum Trotz woanders bereits nicht mehr existieren. Man hält den

Schülern die Werte der privilegierten Seite vor, wie man Alice im Wunderland wohlschmeckende, aber flüchtige Speisen vorgehalten hat, die verschwanden, bevor sie sich bedienen konnte. Diese falsche Verheißung von etwas, das man nie kosten wird, erinnert an eine andere Metapher: an das Messer, das in der Wunde herumgedreht wird.

Könnte die Tatsache, daß diesen Kindern die Grundlagen eines Lebens eingehämmert werden, das ihnen verwehrt, das ihnen von vornherein entzogen wird (und das im übrigen gar nicht mehr lebbar ist), nicht für einen üblen Scherz und eine zusätzliche Schmach gehalten werden?

Wie soll man diese jungen Menschen davon überzeugen, daß es sich hier um eine letzte Anstrengung des republikanischen Gemeinwesens handelt? Um eine letzte Hoffnung für die Gesellschaft, die sie schikaniert? Vor allem für sie! Wie soll man ihnen verständlich machen, daß sich die Gesellschaft genau wie sie selbst in den Maschen eines Netzes verfangen hat, in fiktiven »Geschichten«, die die tatsächliche Geschichte verschleiern?

Aber müßte nicht genau das vermittelt werden?

Hinsichtlich dieser »Geschichten« oder dieses historischen Augenblicks (manche behaupten, wir hätten das Ende der Geschichte erreicht und es gäbe über sie nichts mehr zu sagen, weil man nicht mehr von ihr spricht) sind jedoch die Kinder dieser verlorenen Regionen die Avantgarde unserer Zeit. Die Gesellschaft befindet sich heutzutage in einem Rückbildungsprozeß, nicht aber die Jugendlichen. Die Gesellschaft nimmt ihre eigene Geschichte nicht wahr, die sich unabhängig von ihr fortsetzt und sie ausradiert. Folglich bilden jene Kinder gewissermaßen die Vorhut der Geschichte. Sie sitzen bereits auf der Ersatzbank. Sie leben weniger als die Ausgestoßenen einer Gesellschaft, deren Zeit zu Ende geht, die aber weiter an ihrem Fortbestand festhält, denn als deren Vorreiter. Sehr wahrscheinlich stellen sie modellhaft dar, was die Erdbewohner in ihrer Mehrheit erwartet, wenn sie nicht aufwachen; wenn sie nicht darangehen, sich in einer neuen, anderen Welt einzurichten und deren Veränderung endlich zur Kenntnis zu nehmen, anstatt ein Leben hinzunehmen, das sie drangsaliert, schändet und das den Regeln einer vergangenen Zeit gehorcht; anstatt abgewiesen und leidend dahinzusiechen, bevor sie vielleicht an diesem Leben zugrunde gehen und so den Angehörigen einer neuen Zeit nicht mehr mit ihrer Anwesenheit zur Last fallen.

Man hat es gar nicht versucht, sich nicht einmal die Mühe gemacht, diese Kinder, diese Vorreiter hereinzulegen, sie hinters Licht zu führen; auch der kleinste dieser kleinen Außenseiter ahnt voraus, was die große Masse anderswo nicht weiß oder lieber nicht wissen will – allein aus der Tatsache, daß er unserer »Modernität« angehört, aus der Tatsache, daß er sie in ihrer Rohheit erträgt, daß er nicht wie die Erwachsenen resigniert hat.

Wie sollte er nicht intuitiv die Absurdität des Versuchs erkennen, ihn für einen Lehrplan zu konditionieren, der seine Ausgrenzung vorsieht? Ein nicht zu erschütternder Plan, den man als vorbildlich hinstellt; ein Plan, der die Schäden bewirkt, die er nicht wahrnimmt. Ein Plan, der die Ausgrenzung nicht zur Kenntnis nimmt und bei dem es nicht um Heilung geht, sondern eher um Rechtfertigung oder doch Billigung des Systems. Ein Lernprogramm, das durch und für eine Gesellschaft aufgestellt wurde, die die Ausgrenzung der Jugendlichen und ihrer Angehörigen mehrheitlich für logisch und wünschenswert zu halten scheint und der diese Ausgrenzung anscheinend noch nicht weit genug geht. Ein Lehrplan, der bei den Jungen den Eindruck erweckt, als sehe er für sie stillschweigend die Rolle von Parias vor.

Glaubt man denn, daß es ihnen Mut macht, wenn sie mit ansehen müssen, wie Menschen derselben Zone (soziale Klassen definieren sich heute als räumliche Zonen) – enge Bekannte, manchmal die eigene Familie, häufig Nachbarn – mit Chartermaschinen abgeschoben werden oder wenn ihnen selbst damit gedroht wird? Wenn sie von einer ganzen Gesellschaft verurteilt werden, die noch immer unfähig ist, zu erkennen, daß sie auf dem besten Weg ist, sich selbst »global« überflüssig zu machen und unerwünscht zu sein?

Man kann ein Emigrant oder ein Einwanderer sein, ohne den Ort wechseln zu müssen: wenn man aufgrund von Armut *im eigenen Land* im Exil lebt. Aber die offizielleren Formen der Ausgrenzung haben einen sicheren Vorteil: Sie überzeugen diejenigen, die von ihnen verschont bleiben, davon, *integriert* zu sein. Ein fiktiver Status, an den sie sich klammern.

Die jungen Menschen in den Vorortghettos spüren vielleicht, daß ihnen ihre Bildung durch Menschen vermittelt wird, die selbst zu den Betrogenen gehören, die sich selbst in einer nachteiligen Position befinden. Eine Erziehung, die alles in allem pervers ist: Sie zeigt Perspektiven, die den Schülern verschlossen sind (und immer verschlossen bleiben werden) und die sich, was vielleicht noch schlimmer ist, auch jenen verschließen (und verschließen werden), die diese Perspektiven vermitteln.

Und *das*, um es nochmals zu sagen, ist nicht Gegenstand des Unterrichts.

Auch über das rauhe Klima der dreckigen Armenghettos in den USA, das Gewimmel der Wellblechstädte in Manila, der Favelas in Rio und anderswo wird nichts gelehrt. Diese Geographie ist unbekannt. Die fürchterliche Liste der Hungernden in Afrika, in Südamerika und anderswo. Dieses Elend, das denkende Menschen erdulden müssen, die nicht gezeugt wurden, um im Elend zu leben, zu hungern oder geopfert zu werden, auch wenn ihnen das vorherbestimmt war. Wir müßten uns aber begreiflich machen, daß diese millionenfachen Skandale jeweils einzeln erlebt werden, daß sie jedesmal ein ganzes, individuelles Leben aufzehren, ein einzigartiges Leben; ein kostbares und unerklärliches Dasein, das zwischen Geburt und Tod in uns allen erblüht und wieder vergeht.

Dieses Grauen, das sich in anderen Körpern als den unseren ausbreitet, die aber zeitgleich zu uns existieren, »kennen« wir nicht, wir »wissen« nur davon. Und wir wissen, daß dieses Grauen auch bei uns existiert, vor unserer Haustür. Weniger brutal als auf den anderen Kontinenten, aber Ursache noch größerer Einsamkeit und Erniedrigung, Ziel noch stärkerer Ausgrenzung und Verachtung, weil es nicht das Schicksal aller ist. Mehr als anderswo verhöhnt und verspottet die Nation dieses Elend, das sie auf so unzureichende Weise unter ihrem Dach »beherbergt«.

Vielleicht müssen die Kinder der Ausgegrenzten, die ausgegrenzten Kinder, uns das beibringen, damit wir es endlich lernen.

Sicherlich, ihr Schulbesuch stellt theoretisch eine Waffe gegen Maßlosigkeit und Ungerechtigkeit dar, ein Schutz vor Ablehnung. Aber wie soll der Schüler das verstehen? Hat man ihm dafür die Mittel an die Hand gegeben, hat er Belege dafür? Zumal für ihn – genau wie für Schüler aller Altersklassen und aller Milieus – der Erwerb von Bildung etwas Strenges, häufig Abweisendes hat; die erforderlichen Anstrengungen lohnen die Mühe, wenn sie den Zugang zu einer Gesellschaft eröffnen. Doch wenn sie in die Ablehnung führen?

Diese jungen Leute wissen, wie die Gesellschaft funktioniert, die von der Schule als Vorbild dargestellt wird. Sie kennen weniger die Mechanismen der Macht als deren Ergebnisse. Was normalerweise verborgen wird, ist ihnen vertraut. Orten sie trotz des Durcheinanders und der Leere ihres Alltags nicht unbewußt die irreversiblen Brüche, die der Auflösung vorausgehen?

Man läßt die Vorortjugend am Straßenrand zurück, aber die Straße wird immer weniger befahren, während sich immer mehr Bewohner dieses Planeten diesen jungen Menschen hinzugesellen – quer durch alle Klassen und unabhängig vom jeweiligen Bildungsgrad.

Eine Straße, die nicht mehr zu denselben Orten führt. Wohin führt sie? Keiner weiß es. Diejenigen, die es wissen könnten, die Vorkämpfer der neuen Zivilisation, benutzen sie auch nicht mehr. Sie wohnen und bewegen sich woanders und interessieren sich kaum für diese Landschaft. Sie gehört in ihren Augen bereits einer Vergangenheit an, die für die Volkskunde oder das Vergessen bestimmt ist.

Instinktiv ahnen die Kinder sicherlich, daß die Tatsache, vollkommen anachronistische Dinge im Unterricht als gegenwärtig darzustellen, eines der wenigen (und das beste) Mittel ist, um sich selbst zu überzeugen, um weiter in Übereinstimmung mit dem zu leben, was nicht mehr existiert, um dieses Leben gleichsam amtlich zu bestätigen und so allgemeine Illusionen, unheilvolle Mißverständnisse und unproduktives Leiden aufrechtzuerhalten.

Wir begegnen hier wieder dem allgemeinen Betrug, der uns die Phantomstrukturen einer verschwundenen Gesellschaft aufzwingt und das Verschwinden der Arbeit als etwas Vorübergehendes hinstellt. Wozu soll man da noch auf den Problemen der Vorstädte beharren? Sie stellen nichts weiter dar als die extremen Symptome für das, was sich auf allen Ebenen unserer Gesellschaft abspielt, etwas unterschiedlich nur im Rhythmus. Allerorten spürt man die Gegensätzlichkeit, den Bruch, den Abstand zwischen der angepriesenen, offiziell sanktionierten Welt, die der Unterricht propagiert, und der Welt, auf die er ausgerichtet ist, in der er erteilt wird, aber in der es ihm nicht mehr gelingt, seinen Sinn zu bewahren. *Überhaupt* einen Sinn zu bewahren.

Die Vielfalt der Fächer und ihre Inhalte stehen hier nicht zur Diskussion, im Gegenteil. Da der Weg in ein Arbeitsverhältnis immer enger und ungewisser wird, könnte der Schulunterricht zumindest das Ziel verfolgen, den Übergangsgenerationen eine Kultur zu vermitteln, die ihrer Existenz, ihrer einfachen, menschlichen Existenz auf dieser Welt Sinn verleiht. Damit die Jungen sich eine Vorstellung von den Möglichkeiten machen können, die den Menschen offenstehen, und einen Zugang zum Wissen erhalten. Und Gründe, derentwegen es sich zu leben lohnt, mögliche Wege, die sie gehen könnten, um ihrem Tatendrang eine Richtung zu geben.

Aber statt die neuen Generationen auf ein Leben vorzubereiten, das sich nicht mehr über die »Beschäftigung« definiert (die praktisch unerreichbar geworden ist), bemüht man sich darum, sie diesen für sie unzugänglichen

Ort betreten zu lassen, wo sie abgelehnt werden – mit dem Ergebnis, daß sie von etwas ausgeschlossen werden, das gar nicht mehr existiert, daß sie zu Unglücklichen werden.

Unter dem Vorwand, auf eine Zukunft vorzubereiten, die nur unter inzwischen obsolet gewordenen Rahmenbedingungen möglich war, übergeht man beharrlich all das, was in den Lehrplänen nicht auf sie ausgerichtet war, und hält an dem fest, was man für nötig hält, um eine aber bereits vergangene Zukunft zu erreichen. Weil sich die vorgesehene Zukunft nicht ereignen wird, stellt man sich die Zukunft eben ohne diese vorgesehene Zukunft vor. Weil die jungen Leute nichts haben, nimmt man ihnen alles – und an erster Stelle das, was keinen Zweck zu haben und daher ein überflüssiger Luxus zu sein scheint, was ans Kulturelle grenzt: was in den Bereich des Menschlichen gehört, das einzige, was für diese unzähligen Menschen, die aus der Welt der Wirtschaft ausgeschlossen sind, noch eine Aufgabe sein könnte.

Man ist eher der Auffassung, daß die jungen Menschen nicht ausreichend – und nicht zielgerichtet genug – auf den Eintritt in Wirtschaftsunternehmen vorbereitet werden, die kein Interesse an ihnen haben und denen sie keinen Nutzen mehr bringen, aber für die allein man sie noch »ausbilden« will. Man hält krampfhaft an der Obsession fest, so »realistisch« wie möglich zu sein; das heißt in Wirklichkeit so illusionär und fiktiv wie möglich. Und man setzt sich ein einziges Ziel und wirft sich vor, nicht stark genug daran festzuhalten: die Schüler so früh wie möglich in eine Erwerbswelt einzubinden, die es nicht mehr gibt. Man hält es für richtig, daß Unterrichtsfächer und Ausbildungsgänge, die Schüler und Studenten offenbar nicht direkt in ein Anstellungsverhältnis überführen, gestrichen werden müssen. Man rät dazu, immer stärker eine »berufliche Eingliederung« anzustreben, die natürlich nie stattfinden wird. Das versteht man unter »konkret sein«.

Und was die zukunftslosen schöngeistigen Beschäftigungen angeht: Ein paar der Jugendlichen, die aus guten Familien, wird man schon in die Welt des Denkens einführen; man wird sie dazu anhalten, Kenner und Bewunderer künstlerischer, literarischer, wissenschaftlicher und anderer Werke zu sein, deren Verfasser zur hochgeschätzten Kategorie der »Lieferanten« der besseren Familien gehören. Manche von ihnen werden sich diesen etwas verantwortungslosen Gruppen anschließen, die gleichwohl gesellschaftlich anerkannt und häufig sogar prestigeträchtig sind, in geringem Umfang sogar einträglich. Haben sie denn nicht ihre Abnehmer?

Aber, so werden sich einige nachdenkliche Stimmen zu Wort melden, wozu soll man Leuten, die überflüssig sind, noch diese ebenso nutzlosen Dinge beibringen? Ist das denn ökonomisch sinnvoll? Und warum soll man ihnen die Augen öffnen, damit sie ihre Situation durchschauen, stärker unter ihr leiden und sie kritisieren, wenn sie sich sonst doch so ruhig verhalten? Es ist besser, sie noch rigoroser zu verbannen, sie noch mehr auf ihren Rang als »Arbeitssuchende« herunterzudrücken, eine Beschäftigung, bei der sie eine ganze Zeit lang still und brav sein werden. »Beiseite geschafft«, ein Ausdruck von Vincent van Gogh. Genau wie der folgende Satz, der zeigt, daß er alles verstanden hatte, und den die jungen Menschen sich als Motto nehmen können: »Es wäre besser, ich wäre so, als gäbe es mich nicht.«

Natürlich kann nicht jeder Maler werden und schon gar nicht ein Maler wie van Gogh, aber viele von ihnen werden »Straffällige«. Ist das nicht ein weiterer Beweis für ihren schlechten Charakter?

Da sie nun schon einmal vorhanden sind, warum soll man nicht trotz allem von der Lage der Dinge profitieren, um die wenigen Lehrlinge zu bekommen, die wenigen Angestellten, die mitunter noch nötig sind und die von nun an auf Staatskosten ausgestattet, ausgebildet und gewissermaßen schlüsselfertig abgeliefert werden? Es wäre falsch, das nicht zu tun. Gesagt, getan. Es kommt zu bemerkenswerten Initiativen: Es regnet Steuervergünstigungen, Subventionen und andere freundliche Aufmerksamkeiten des Staates, die zugunsten der »dynamischen Kräfte« verteilt werden, damit diese imstande sind, ihre wohltätige Wirkung zu entfalten und ihre Nächstenliebe noch stärker zum Ausdruck zu bringen.

8

Unsere Systeme, so verstehen sie sich und so beteuern sie es fortwährend, basieren im wesentlichen auf dieser nicht zu unterdrückenden Liebe der Entscheidungsträger zu ihren angeblichen Nächsten, wohl in Ermangelung von ihresgleichen! Daher sorgen sie dafür, daß die Unternehmen sich »staatsbürgerlich« nennen und sich tatsächlich staatsbürgerlich zeigen. Sie verpflichten sie nicht, sie fordern sie dazu auf, wobei sie sich ihrer Großherzigkeit sicher sind. Wenn man sie auf solche Weise bittet – wie sollte man da auch nur einen Augenblick in Erwägung ziehen, daß sie sich nach der Information, was gut und was schlecht ist, nicht für das Gute entscheiden werden?

Verneigen wir uns bei dieser Gelegenheit vor dem System: Das »staatsbürgerliche Unternehmen« – kein Surrealist hätte so etwas zu erfinden gewagt!

Ob sie nun »staatsbürgerlich« sind oder nur dazu aufgefordert wurden, es zu werden (in der Annahme, sie entschieden sich für das Gute): Die Unternehmen erleben, wie ihnen tausend Subventionen, die Erlassung von Abgaben, Möglichkeiten zum Abschluß vorteilhafter Verträge angeboten werden, nur damit sie einstellen und ihren Standort nicht verlagern. Wohlwollend nehmen sie alles an und stellen nicht ein, verlagern ihren Standort oder drohen zumindest damit, falls nicht alles nach ihrem Willen verläuft. Die Arbeitslosigkeit wächst, und man fängt von neuem an.

Aber in wessen Namen, Gott im Himmel, hat das ganze Land genau wie andere Länder (und die linken Parteien an erster Stelle) jahrelang geglaubt, daß der Wohlstand der Unternehmen dem der Gesellschaft entsprechen, daß das Wachstum Arbeitsplätze schaffen würde? Sie glauben es noch immer, geben sich Mühe, es zu glauben, oder behaupten es zumindest! 1980 habe ich geschrieben: »Die Arbeiterparteien fordern die staatliche Finanzierung privater Unternehmen, womit diese sie weiterhin zur Steigerung ihres Gewinns ausbeuten können und weiterhin Arbeitsplätze oder Arbeitslosigkeit produzieren werden, je nach Tagesgeschick, Börsenkurs und Verlauf von Krisen.«*

Es war schon immer vorherzusehen, daß die »Unternehmenshilfen« keine Arbeitsplätze schaffen würden, zumindest bei weitem nicht in der vorausgesagten Größenordnung. Vor zehn oder fünfzehn Jahren wäre es kühn gewesen, so etwas zu sagen, da gab es noch wenige Belege. Jetzt ist es offenkundig geworden. Dennoch hält man weiter daran fest!

Niemand scheint sich zu fragen, auf welch wundersame Weise sich das durch die Arbeitslosigkeit entstandene Elend in den Finanz- und Wirtschaftshilfen äußern kann, die fruchtlos den Unternehmen zugebilligt werden, die ihrerseits von der Krise reden, während es der Wirtschaft im großen und ganzen sehr gut geht. Es geht ihr immer besser, weil sie gehätschelt und gebeten wird, weil man sie jener wohlwollenden Güte für fähig hält, die man vergeblich von ihr erwartet: mit den Geldern, die ihr zu diesem Zweck großzügig zugeteilt werden, bitte schön

* In: *La Violence du calme,* Paris 1980.

Einstellungen vorzunehmen; statt dessen weitet sich die Arbeitslosigkeit immer weiter aus.*

Warum sollte man aber Wirtschaftsunternehmen mit einer moralischen Bürde belasten, mit der sie nichts zu tun haben? Es wäre Aufgabe der politischen Macht, sie dazu zu verpflichten. Sie darum zu »bitten« führt zu nichts: Es gibt nur ein paar Schaueffekte, die dem Publikum einen sehr ungenauen Beweis für ihren Einsatz liefern. Die Regierungen, die ihre schüchternen Vorschläge nur im Flüsterton vorzubringen wagen, wissen sehr gut, daß die Unternehmen ihren eigenen Interessen, die ihre Existenzberechtigung darstellen und ihren Verhaltenskodex begründen, zuwiderhandelten, wenn sie diesen Vorschlägen entsprächen.

Man sollte endlich der Realität ins Auge sehen: Die Unternehmen stellen aus dem einfachen Grund nicht ein, weil sie niemanden brauchen. Diese Situation muß angegangen werden, das heißt ganz schlicht, es bedarf einer Veränderung. Es gibt wohl kaum eine beeindruckendere und erschreckendere Aufgabe, die ein so übermenschliches Maß an Vorstellungskraft erfordert. Wer hat den Mut dazu? Das Genie?

Währenddessen fahren die geförderten Unternehmen fort, sich massenweise ihrer Mitarbeiter zu entledigen, und das hält man für normal. Es wimmelt nur so von »Umstrukturierungen«, ein Ausdruck, der kraftvoll und

* 1958 gab es in Frankreich 25 000 Arbeitslose. 1996 waren es fast 3,5 Millionen. Das ist kein französisches Privileg, bei weitem nicht, es ist ein weltweites Problem. Man rechnet mit etwa 120 Millionen Arbeitslosen auf der Erde, davon etwa 35 Millionen in den Industrieländern, 18 Millionen in Europa. (Quelle: *Les Coulisses de l'emploi*, M. Hassoun, F. Rey, Paris, 1995).

konstruktiv klingt, aber vor allem jene berühmten »Sozialpläne« bezeichnet, anders gesagt, jene geplanten Entlassungen, die heutzutage die Wirtschaft stabilisieren. Warum soll man sich unter dem Vorwand, daß diese »Umstrukturierungen« in Wahrheit ganze Leben zerstören, Familienstrukturen auflösen und jegliche politische oder wirtschaftliche Vernunft aufheben, empören? Sollte man womöglich auch all jene heuchlerischen, niederträchtigen Bezeichnungen anprangern? Ein Wörterbuch dazu veröffentlichen?

Wiederholen wir es: Aufgabe der Wirtschaft ist es nicht, wohltätig zu sein. Die Perversion besteht darin, sie als die »dynamischen Kräfte« darzustellen, die primär moralischen und sozialen Geboten folgen, die offen für das allgemeine Wohl sind. Sie müssen zwar einer Pflicht, einer Ethik genügen, aber dabei handelt es sich um die Pflicht, Gewinn zu machen, was vollkommen statthaft und juristisch ohne Tadel ist. Heute stellt die Beschäftigung aber (zu Recht oder zu Unrecht) einen negativen, überteuerten, nicht nutzbaren und für den Gewinn schädlichen Faktor dar! Sie ist verhängnisvoll.

Dessen ungeachtet stellt man die »Wertschöpfungen« als das alleinige Mittel hin, um die »dynamischen Kräfte« zu mobilisieren, und diese dynamischen Kräfte als die einzigen, dank dieser Werte und Vermögen Wachstum zu bewirken, was sich sofort in Beschäftigung niederschlagen würde. Als ob man übersehen könnte, daß wir in einer Zeit leben, in der die früher von der damals unerläßlichen Erwerbsarbeit wahrgenommene Aufgabe keine Existenzberechtigung mehr hat, da die Arbeit überflüssig geworden ist.

Die so häufig besungene, häufig erflehte, von so vielen Beschwörungen begleitete Arbeit wird von denen, die sie verteilen könnten, nur für einen archaischen, praktisch nutzlosen Faktor gehalten, für eine Quelle von Nachteilen und finanziellen Defiziten. Die Reduzierung von Arbeitsplätzen wird zu einer höchst verbreiteten Mode unter den Entscheidungsträgern, zur sichersten Form der Anpassung, zu einer Sparmöglichkeit ersten Ranges und zu einem wesentlichen Faktor für den Profit.

Wann werden wir dem endlich Rechnung tragen – nicht, um uns darüber zu empören oder uns zu widersetzen, sondern um die dahinterstehende Logik aufzudekken? Und (da man weder die Fähigkeit noch den Willen besitzt, gegen sie anzugehen) wenigstens damit aufzuhören, den Betrug und das Spiel der politischen Propaganda mitzumachen, die uns mit wohlkalkulierten Versprechungen hinhält? Wir müßten aufhören, das Spiel der ökonomischen Interessen mitzumachen, denen es gelingen wird, noch Kapital aus dieser Situation zu schlagen, solange sie nicht geklärt ist. Dann wäre es möglich, andere Wege statt der gefährlichen Bahnen zu finden, auf denen man uns führt und die wir hartnäckig weiter gehen wollen.

Wie lange werden die Aufgeweckten noch so tun, als ob sie schliefen?

Wann wird uns beispielsweise klar, daß die »Werte« weniger auf der Basis von »Schöpfungen« materieller Güter »geschöpft« werden als auf der Basis vollkommen abstrakter Spekulationen, die in keinerlei – oder nur in sehr lockerem – Zusammenhang mit produktiven Investitionen stehen? Die »Werte«, die hier vorgeführt werden, sind zum großen Teil nur noch vage Gebilde, die als Vorwand für die Entwicklung von »Derivaten« dienen, aber keinen direkten Zusammenhang mehr mit ihnen haben.

Es sind »Derivate«, die heute die Wirtschaft überfluten, sie auf die Rolle einer Spielbank reduzieren, auf die Arbeit von Buchmachern. Die Märkte der Derivate sind heute größer als die klassischen Märkte. Nun investiert diese neue Form der Wirtschaft allerdings nicht mehr, sondern sie setzt nur noch. Ihr Betätigungsfeld sind Wetten, aber Wetten ohne wirklichen Einsatz, bei denen man nicht mehr so sehr auf materielle Werte oder auch auf den symbolischeren finanziellen Austausch setzt (der noch immer an der Quelle – und sei sie auch weit entfernt – nach realen Aktivposten indexiert wird) als auf virtuelle Werte, die zu dem einzigen Zweck erfunden wurden, um dem jeweils eigenen Spiel Nahrung zu geben. Diese Wirtschaftsform besteht aus Wetten, die auf Geschäftsverläufe abgeschlossen werden, die noch gar nicht existieren, die vielleicht niemals existieren werden. Und auf dieser Basis schließt sie Wetten ab auf Spiele, auf Wertpapiere, Schulden, Zinsen und Wechselkurse, die inzwischen jeden Eigenwert verloren haben und sich auf völlig willkürliche Projektionen beziehen, sich nahe zügellosester Phantasie und quasi parapsychologischer Prophezeiungen bewegen. Diese neue Wirtschaft besteht vor allem aus Wetten, die auf die Resultate all dieser Wetten abgeschlossen werden. Und dann wettet sie auf die Resultate der Wetten, die auf diese Resultate abgeschlossen werden, usw.

Ein ganzer Kreislauf, bei dem man kauft und verkauft, was nicht existiert, bei dem nicht wirkliche Aktiva ausgetauscht werden, nicht einmal Symbole, die auf diesen Aktiva basieren, sondern bei dem zum Beispiel die Risiken mittel- oder langfristiger Verträge, die noch abzuschließen sind oder erst nur angedacht wurden, gekauft oder verkauft werden. Oder man tritt Schulden ab, die nun ihrerseits unbegrenzt verhandelt, wiederverkauft, wiedergekauft werden. Oder man schließt – in den meisten Fällen freihändig – Verträge über nichts als Wind ab, über virtuelle Werte, die noch nicht geschaffen, aber bereits garantiert sind und die wiederum zu weiteren, wiederum freihändig abgeschlossenen Verträgen führen, deren Inhalt die Verhandlung jener ersten Verträge ist! Der Markt der Risiken und Schulden ermöglicht es, sich in völlig falscher Sicherheit Verrücktheiten auszusetzen.

Über die Garantien auf Virtuelles wird endlos verhandelt, mit den Verhandlungen wiederum Geschäfte gemacht. Lauter imaginäre Handelsabschlüsse, Spekulationen ohne anderen Gegenstand als sie selbst, die einen gigantischen künstlichen Markt bilden, der auf nichts beruht als auf sich selbst. Ein weit von jeder anderen Realität als der eigenen entfernter Markt in einem fiktiven, imaginären, abgeschlossenen Kreislauf, der unaufhörlich von hemmungslosen Hypothesen verkompliziert wird, auf deren Basis weiter abgeschlossen wird. Dort wird ad infinitum über Spekulationen spekuliert und über die Spekulationen über Spekulationen. Ein unbeständiger, trügerischer Markt, der sich auf Phantome gründet, der aber fest verankert ist, ein derart wahnsinniger Markt, daß er fast schon phantastisch ist.

»Optionen auf Optionen auf Optionen«, so mokierte sich in diesem Zusammenhang Helmut Schmidt vor kurzem in einer Fernsehsendung von Arte*, wenn auch – wie durch das Verhalten ungezogener Kinder – ein wenig erschreckt. Er bestätigte, daß auf den surrealen Märkten »hundertmal mehr Austausch« erfolge als auf den anderen.

* 8. April 1996.

Auf diese Weise liegt die berühmte Marktwirtschaft, die als Fundament, als seriös und für ganze Bevölkerungen als verantwortlich angesehen wird, ja, als eine Macht an sich – in Wirklichkeit *die* Macht – vollständig im Fieber danieder, im Drogenrausch, sie wird vollständig beherrscht von Machenschaften, von Manipulationen der eigenen Geschäftemachereien, die zu gigantischen, schnellen, plötzlichen Gewinnen führen, die aber angesichts des rauschhaften Aktionismus, des manischen Vergnügens, der nie dagewesenen verrückten Macht, die sie bewirken, fast zweitrangig zu sein scheinen.

Das ist die Bedeutung der »Wertschöpfungen«: Sie werden zu immer mehr verblassenden und immer überflüssiger werdenden Begründungen der Besessenheiten, der Veitstänze, von denen der Planet ebenso wie das Leben jedes einzelnen immer stärker abhängig sind.

Diese Märkte bewirken keinerlei »Wertschöpfung«, keinerlei wirkliche Produktivität. Sie erfordern nicht einmal einen faßbaren Firmensitz. Sie beschäftigen kaum Personal, da im Zweifelsfall ein paar Telefone und Computer ausreichen, um die virtuellen Märkte zu betreiben. In diese Märkte, die keinerlei Arbeit von anderen voraussetzen, die keine realen Güter produzieren, investieren heute die Unternehmen immer häufiger immer größere Teile ihrer Gewinne, da hier ein schnellerer und größerer Profit erwirtschaftet wird. Die Subventionen und Vergünstigungen, die bewilligt werden, damit die Unternehmen Menschen Arbeit geben, dienen häufig nur dazu, diese sehr viel fruchtbareren Finanzspiele zu ermöglichen!

Hierbei wäre die Schaffung von Arbeitsplätzen auf der Basis der »Wertschöpfungen« reine Menschenfreundlichkeit, da das Wachstum (in Wirklichkeit nur das Wachstum des Profits) nicht zur Entwicklung, ja, nicht einmal zur Ausnutzung realer Produkte führt, sondern zu jenem seltsamen gespenstischen Auf-der-Stelle-Treten – ganz gewiß jedenfalls nicht mehr zur Notwendigkeit menschlicher Arbeit, erst recht nicht zur Notwendigkeit vermehrter menschlicher Arbeit. Im Gegenteil, das Wachstum bietet häufig die Gelegenheit, diejenigen technologischen Möglichkeiten und Automatisierungsprozesse einzuführen oder zu vervollkommnen, die Menschenpotential verringern, das heißt Lohnkosten sparen können.

Dynamische Unternehmen, die Gewinne erzielen, entlassen massenhaft, das wissen wir. Nichts sei vorteilhafter, sagen die Fachleute. Um so mehr, als ihnen dennoch weitere »Beschäftigungsförderung« zuerkannt wird, ohne daß sie Rechenschaft darüber ablegen müßten, ohne sie im geringsten zu verpflichten, auch so einzustellen, wie es vorgesehen war. Man legt ihnen im besten Fall nahe, diese an keinerlei Bedingungen geknüpften Gaben nicht für noch vorteilhaftere Zwecke zu verwenden – mit dem zu erwartenden Erfolg! Was, glauben Sie, tun sie?

Man ertappt sich hier bei einem ketzerischen Gedanken: Ist das Wachstum nicht weit davon entfernt, Arbeitsplätze zu schaffen, schafft es nicht vielmehr deren Abbau, von dem es ja häufig profitiert? Ermöglicht die offenkundige Unfähigkeit, soziale Wirtschaft zu betreiben, nicht viel eher ein rationelleres Betreiben der Finanzmärkte?

Kürzlich war folgendes zu lesen: »Die Unternehmen davon zu überzeugen, an der ›nationalen Anstrengung zur Arbeitsbeschaffung‹ teilzunehmen, ist eine Sache – aber sie von den Umstrukturierungsplänen abzubringen eine ganz andere. Die Glanzstücke der französischen Industrie wie Renault, IBM, GEC-Alsthom, Total oder Danone, *die 1995 mit großem Gewinn wirtschafteten,** haben drastische Personaleinsparungen für 1996 vorgesehen ... Ohne dabei an die Sozialpläne zu denken, die in der Schublade liegen.« In welcher Gewerkschaftszeitung, in welchem linken Blatt kann man derlei subversive Äußerungen lesen? Nun ... in *Paris Match*!**

Gegen Ende der 70er und in den 80er Jahren (das gilt aber bis heute) waren die Unternehmen so heilig, daß jedes Opfer recht war, um sie zu erhalten oder noch stärker aufblühen zu lassen. Es gelang ihnen, auf höchst gelehrte Weise darzulegen, daß sie entlassen müßten, um Arbeitslosigkeit zu verhindern. Warum sollte man sie jetzt nicht dazu ermutigen – und zwar mit Nachdruck?

Heute sind sie noch immer bereit, sich zu opfern, machen es aber geschickter: Sie »verschlanken« sich. Dieser Ausdruck, dessen Eleganz jeder zu schätzen weiß, bedeutet, das störende Fett zu beseitigen, in diesem Fall die Frauen und Männer, die arbeiten. Oh, nein, es geht nicht darum, die Menschen selbst zu beseitigen. Aus ihrem Fett Seife zu machen, aus ihrer Haut Lampenschirme zu fertigen – das wäre von schlechtem Geschmack, es wäre nicht mehr Mode, entspräche nicht der Zeit; man beseitigt nur ihre Arbeit, was sie immerhin zeitgemäß sein läßt. Arbeitslos? Man muß mit der Zeit gehen.

Vor allem muß man seine Verantwortung zu tragen wissen. »Verschlanken«, an den Beschäftigungskosten sparen, ist einer der wichtigsten Wirtschaftsfaktoren. Wie viele Politiker, wie viele Führungskräfte aus den Unternehmen schwören, Arbeitsplätze zu schaffen, und sind im selben Moment stolz darauf, den Bestand zu reduzieren.

* Hervorhebung durch die Verfasserin.

** 21. März 1996.

Während einer Gesprächsrunde in den Räumen des Senats* forderte Loïc Le Floch-Prigent** in diesem Zusammenhang, die Unternehmen sollten aufhören, die »Verringerung von Arbeitsplätzen aufzuwerten«, was er als gängige Praxis ansah und auch bewies.

Das Nichtarbeiten der Nichtbeschäftigten stellt in Wahrheit einen Mehrwert für die Unternehmen dar, also einen Beitrag zu den berühmten »Wertschöpfungen«. Es ist in gewisser Weise ein Gewinn für jene, die nicht beschäftigt werden, vor allem nicht mehr beschäftigt werden. Wäre es nicht richtig, daß ihnen ein Teil des durch ihre Abwesenheit erwirkten Gewinns zusteht, ein Teil des Erlöses, der erzielt wurde, weil man sie nicht beschäftigt?

Aber bieten diese Einsparungen bei den Arbeitskosten nicht angeblich die Möglichkeit, einige wenige dieser unumgänglichen »Wertschöpfungen« zu begünstigen, die – das ist ja wohlbekannt – dann Arbeitsplätze entstehen lassen? Es wäre wirklich kleinlich anzumerken, daß die einzige Auswirkung der so geschöpften Werte im Anwachsen einiger weniger Vermögen besteht.

Dabei sind die Entscheidungsträger, die leitenden Unternehmer doch so großzügig! Nehmen wir uns ein Beispiel an ihnen, hören wir einem von ihnen im Radio zu***: Die Wirtschaftsunternehmen, so sagt er, hätten eine Aufgabe, der man nun eine Richtung geben müsse, und zwar, so verkündet er uns, müßten sie »menschlicher werden«. Das ist nichts Überraschendes: Das Unterneh-

* Sénat, *Salon du livre politique*, 13. April 1996.

** Zu diesem Zeitpunkt Vorstandsvorsitzender der SNCF, der staatlichen Eisenbahnen.

*** France-Culture, Gespräch zwischen D. Jamet und J. Bousquet, August 1996.

men verhält sich »staatsbürgerlich«, er bestätigt es; sein einziges Gesetz ist »Bürgersinn«. Das Unternehmen führt einen Wirtschaftskrieg, einen »Krieg für mehr Beschäftigung«. Er gibt jedoch zu bedenken, daß »eine Gesellschaft nur das Vermögen teilen kann, das sie produziert«. (Der Hörer denkt sich daraufhin, sie könne es vielleicht auch nicht teilen!) Unser Humanist bemerkt immerhin, daß es eine »Rentabilitätslogik gibt, der man sich nicht verschließen darf«. Soll man etwa »einstellen, nur um einzustellen«? Da gerät er in Verlegenheit und stark ins Zweifeln. Er entscheidet: »Erst, wenn das Wachstum Einstellungen erlaubt.« Er sagt nicht, bei wie viel Wachstum diese tapfere Geste möglich sein wird, aber er wirkt plötzlich fröhlicher, ganz entschieden ist er nun ganz bei der Sache. »Märkte erobern, produktiver sein«, ist zu vernehmen, er wird immer lebendiger und verkündet sogar ein Rezept: »Das Unternehmen schlanker machen.« Seine Stimme wird heiter und voll, er singt: »Stundenlohn senken … Sozialleistungen verringern … sozialen Schutz auch …«

Ebenfalls im Radio* war auch der Vorsitzende des Arbeitgeberverbandes CNPF zu hören, der Chef der »dynamischen Kräfte« unseres Landes, der sich zurückhaltend hinsichtlich vor kurzem gebilligter (genauer gesagt mit Begeisterung angebotener) Vergünstigungen zeigte, die seine Truppen zu Einstellungen bewegen sollten. Er ist nicht zurückhaltend, davon zu profitieren (er und seine Schäflein stürzen sich geradezu darauf), aber zurückhaltend, in das einzuwilligen, was im Gegenzug von ihnen

* RTL, 8. Juli 1995.

verlangt (bzw. schüchtern vorgeschlagen) wird. Ziemlich entrüstet erkennt er schließlich an, bei Herrn Sowieso, in diesem oder jenem Unternehmen könnte man sich dank der für Einstellungen gewährten Subventionen vielleicht »bemühen, den jährlichen Stellenabbau von 5% etwas zu verringern«! Ansonsten »zeugt das Reden von Gegenleistungen von einem mangelnden Verständnis für die wirtschaftliche Realität«.* Statt dessen schlägt er – noch immer im Radio – vor, »lieber die öffentlichen Ausgaben zu reduzieren, als die Unternehmen zu besteuern, die Arbeitsplätze schaffen«. Er vertritt die Meinung, es sei »nicht Aufgabe der Justiz, sich mit Entlassungen zu beschäftigen ... Was Wiedereinstellungen angeht, so lassen Sie uns nur machen.« Und er erkennt schließlich an, daß es »politische Zeiten gibt, in denen es nicht zweckdienlich ist, Sozialpläne anzukündigen«, wohingegen es »notwendig ist, abzuspecken, um sich der weltweiten Situation anzupassen«. Das hatten wir uns beinahe gedacht.

Diese altruistischen Anwandlungen werden ihrerseits von internationalen Organisationen (u. a. Weltbank, OECD und IWF) flankiert (und befohlen), die die Kontrolle über die globale Wirtschaft, das heißt über das politische Leben der Nationen, ausüben. Das erfolgt in Abstimmung mit den privatwirtschaftlichen Kräften, bei denen in Wirklichkeit sehr viel mehr Übereinstimmung als Wettbewerb herrscht.

Während die Nationen und ihre politischen Klassen sich über die Arbeitslosigkeit zu grämen scheinen, die sie Tag und Nacht beschäftigt, und ihr entschlossen entge-

* *Tribune Desfossé*, 30. Mai 1994.

gentreten, veröffentlicht die OECD in einem Bericht* eine etwas differenzierte Meinung: »Um eine bestimmte Angleichung der Löhne und Gehälter zu erreichen, bedarf es einer höheren konjunkturbedingten Arbeitslosigkeit«, wird dort erklärt.

Im selben jovialen Tonfall wird dort weiter ausgeführt (so wie in der Regenbogenpresse Rezepte beschrieben würden, wie man den Mann oder die Frau seines Lebens anlocken und bei sich behalten kann): »Die Bereitwilligkeit der Arbeiter, eine schlecht bezahlte Beschäftigung anzunehmen, hängt zum Teil von der relativen Großzügigkeit der Arbeitslosenunterstützung ab ... Es besteht in allen Ländern Anlaß, die Dauer des Anrechts auf Unterstützung zu verkürzen, wenn sie zu lang ist, oder die Bedingungen für ihre Gewährung zu verschärfen.«** Ja, so redet man im Klartext!

Die internationalen, multinationalen, transnationalen privatwirtschaftlichen Mächte brauchen sich nicht darum zu sorgen, Gefallen zu finden – darum bemühen sich ängstlich nur die politischen Mächte. Hier wird kein Charme verbreitet, hier muß niemand dem Wahlvolk schöne Augen machen. Kein Geplauder, keine Rücksicht auf Befindlichkeiten, keine Maskerade. Man ist unter sich und spielt mit offenen Karten. Das Ziel: zum Wesentlichen zu kommen. Wie wird der Profit aufgeteilt?

* *Etude de l'OCDE sur l'emploi*, Paris, Juni 1994. Zitiert bei Serge Halimi in »Sur les Chantiers de la démolition sociale«, *Monde diplomatique*, Juli 1994.

** Weltbank, *World Department report, workers in an integrating world*, Oxford University Press, 1995. Zitiert bei Jacques Decornoy in »Pour qui chantent les lendemains«, *Monde diplomatique*, September 1995.

Wie wird er erzielt? Wie bringt man das globale Unternehmen zum Nutzen der vereinten »dynamischen Kräfte« in Schwung?

Die Weltbank gibt sich da ganz frank und frei, macht keine Umstände und redet nicht um den heißen Brei herum: »Eine größere Flexibilität des Arbeitsmarktes ist ungeachtet des schlechten Ansehens dieses Begriffs, der einen auf Lohnkürzungen und Entlassungen verweisenden Euphemismus darstellt, ein wichtiger Faktor für alle Regionen, die grundlegende Reformen durchführen wollen.« Der Weltwährungsfonds setzt noch einen drauf: »Die von den Auswirkungen der Politik auf die Verteilung der Einkommen hervorgerufenen Befürchtungen dürfen die europäischen Regierungen nicht davon abhalten, mutig eine grundlegende Reform des Arbeitsmarktes zu betreiben. Die Lockerung des Arbeitsmarktes erfolgt über die Umgestaltung der Arbeitslosenversicherung, des gesetzlichen Mindestlohnes und der Vorkehrungen zum Schutz der Arbeit.«*

Die Schlacht gegen die Ausgegrenzten dröhnt bereits. Sie nehmen ganz entschieden zu viel Platz ein. Wir sagten es schon: Sie sind bei weitem noch nicht ausgegrenzt genug. Sie stören.

Aber die OECD weiß, wie man mit diesen Leuten umgehen muß, die nur arbeiten, wenn ihnen das Elend im Nacken sitzt. Ihr Bericht über die Beschäftigungslage, über die empfohlenen »Strategien« zur Förderung der »Arbeitswilligkeit der Arbeiter« ist, wie wir bereits gesehen haben, sehr eindeutig. »Ein Großteil der neuen Arbeitsplätze ist nicht sehr produktiv (...). Sie sind nur zu

* *Bulletin des Weltwährungsfonds*, 23. Mai 1994, zitiert nach Serge Halimi.

halten, wenn sie an ein sehr niedriges Einkommen gekoppelt sind.«* Aber das gilt für eine sehr viel breitere Palette von Arbeitsplätzen, daher »bleibt ein bedeutender Teil von Arbeitnehmern ohne Beschäftigung, solange die Arbeitsmärkte vor allem in Europa nicht flexibler gestaltet werden.« *Quod erat demonstrandum!*

Anders gesagt, die Arbeitgeber (deren Aufgabe in der Tat nicht darin besteht, »sozial« zu sein) unternehmen nur dann ein paar lustlose Anstrengungen, Arbeitnehmer einzustellen oder nicht zu entlassen, wenn diese Arbeitnehmer in die Situation gebracht werden, alles, aber auch alles zu akzeptieren. Das ist das mindeste: Angesichts des Zustands, in den man sie gebracht hat, und angesichts des Zustands, der ihnen erst noch droht, können sie nicht die Wählerischen spielen.

Daher ist es ganz normal, daß man über jene Nutzlosen verfügt und über sie diskutiert, ohne daß sie sich an diesen Diskussionen beteiligen könnten. Es ist auch ganz normal, daß diejenigen, die ihre Würde weiter behalten, an ihrer Statt sprechen und sie wie Tiere dressieren können. Die Dressur erfolgt mit wirkungsvollen Methoden, etwa so, daß sie zu ihren Gunsten in eine sorgfältig geschaffene »Unsicherheit« versetzt werden, deren so schmerzhafte Auswirkungen ganze Existenzen zerstören und das ein oder andere Leben verkürzen können.

Ist es nicht ein Akt der Barmherzigkeit, sich mit ihnen zu beschäftigen?

Was macht man in Wirklichkeit denn anderes mit ihnen? Jeder Augenblick, jede Entscheidung ist ihnen gewidmet. In der weltweiten, globalisierten, deregulierten,

* *Bulletin der OECD*, Juni 1994, zitiert nach Serge Halimi, op. cit.

delokalisierten, flexibilisierten und internationalisierten Planung und Organisation der Welt gibt es nichts, was nicht zu ihren Ungunsten wirken, nichts, was nicht gegen sie wirken würde.

Und sei es auch nur durch die seltsame Manie, die Bevölkerung um jeden Preis in nicht existenten Beschäftigungsverhältnissen unterbringen zu wollen und Arbeitsplätze in einer Gesellschaft schaffen zu wollen, die ganz offensichtlich gar keine mehr braucht. Durch die Weigerung, nach anderen Wegen zu suchen als den so offensichtlich blockierten und nicht mehr gangbaren, die angeblich noch zu Beschäftigungen führen, aber in Wahrheit nur noch zerstörerisch sind.

Eine Manie, die verbissen das Unglück perpetuieren will, das wir dem »Schrecken der Ökonomie« verdanken, von dem Rimbaud gesprochen hat und der als ein natürliches Phänomen hingestellt wird, das angeblich seit Anbeginn der Welt existiert.

Hören wir, wie Mr. Edmund S. Phelps*, ein bekannter Wirtschaftswissenschaftler, Autor und Professor an der University of Columbia, die Situation in den Vereinigten Staaten beschreibt – ein Gemäßigter, der leidenschaftslos die Vor- und Nachteile der verschiedenen wirtschaftlichen Reaktionsweisen auf die Arbeitslosigkeit untersucht. Hören wir ihn zunächst zu den Segnungen der Umstrukturierungen, die »es dank der Unsicherheit, die auf den Arbeitnehmern lastet, den Arbeitgebern ermöglicht, die Lohnkosten zu senken und Arbeitsplätze [...] vor allem im Dienstleistungssektor zu schaffen, die nicht nur schlecht bezahlt, sondern auch unsicher« sind.

Lauschen wir nun der Beschreibung des idealen Men-

* In: *Le Monde*, 12. März 1996.

schen, von dem die OECD träumt – wieder in den Worten von Mr. Phelps: »Ein amerikanischer Angestellter, der seinen Job verliert, muß so schnell wie möglich wieder eine Anstellung finden. Die Arbeitslosenunterstützung entspricht nur einem sehr geringen Teil seines ursprünglichen Gehalts. Sie wird ihm nur maximal sechs Monate gezahlt. Hinzu kommt keinerlei andere soziale Unterstützung (wie Wohnungs- oder Erziehungsgeld oder ähnliches). Kurz, er ist völlig ohne Hilfe und lebt ausschließlich von eigenen Mitteln.« (Man fragt sich, welchen!) »Er muß rasch eine Arbeit finden und diese annehmen, auch wenn sie nicht dem entspricht, was er sucht.« Das Ärgerliche ist nur, daß es »für unqualifizierte Arbeiter häufig schwierig [ist], eine Anstellung zu finden, und sei sie auch schlecht bezahlt«.

Mr. Phelps bedauert vor allem, daß »die Arbeitslosen sich dann auf andere Tätigkeiten verlegen: Betteln, Drogenhandel, Straßendealerei. Die Kriminalität entwickelt sich. Über diese Kreise haben sie sich in gewisser Weise ihren eigenen ›Wohlfahrtsstaat‹ geschaffen.« Das ist richtig unordentlich und hält Mr. Phelps davon ab, das europäische Sozialsystem zu verurteilen. Dessen Vorteil besteht seiner Aussage nach darin, die Straffälligkeit zu verhindern, dessen Nachteil aber darin, daß es »den Anreiz, Arbeit zu suchen, verringert«.

Da haben wir es also wieder. Doch auch Mr. Phelps weiß, daß es keinen Überfluß an Arbeitsplätzen gibt und daß auch die schlimmste Not, die intensivste Suche nicht ausreichen, um auch nur das geringste Quentchen Arbeit zu finden (der amerikanische Angestellte, dessen »Anreiz« zur Arbeitssuche tödlich sein kann und der »ohne Hilfe« dasteht, könnte Ihnen einiges dazu erzählen). Die Arbeitslosigkeit geht nicht vorüber, sondern ist ein Dauerzustand. Der »Anreiz«, Arbeit zu suchen, ist fast immer ein Anreiz, keine zu finden. Unzählige Arbeitslose geben sich dieser entmutigenden und verzweifelten Suche hin – mit allem, was damit verbunden ist an Kosten, Briefmarken, Telefonaten und Fahrten; in vielen Fällen erhalten sie nicht einmal Antwort. Übrigens müßte man angesichts der Bevölkerungsentwicklung in den kommenden zehn Jahren eine Milliarde neuer Arbeitsplätze schaffen, um auf diesem Planeten eine akzeptable Situation (wieder)herzustellen – aber die Arbeitsplätze werden weniger! Mr. Phelps müßte wissen, daß das Problem nicht darin liegt, die Menschen dazu zu bringen, Arbeit zu suchen, sondern darin, das Finden von Arbeit zu ermöglichen, da dies das einzige Modell ist, das ein Überleben garantiert. Hat er je daran gedacht, daß es eine Alternative sein könnte, das Modell zu ändern?

Vor allem weiß er, daß es nicht an »Arbeits*suchenden*« mangelt – es mangelt an Arbeitsplätzen!

Aber »Arbeit suchen« gehört in den Bereich frommer Werke! Denn – man möge das nur zur Kenntnis nehmen – die Suche nach Arbeitsplätzen schafft keine Arbeitsplätze! Angesichts all derer, die suchen und im Laufe der vergeblichen Suche von der Arbeit träumen wie vom Heiligen Gral, hätte sich das schon herumgesprochen … Angesichts all derer, die sich auf jene unsicheren Notlösungen einlassen, die es ihnen erlauben, sich bald wieder auf die wärmstens empfohlene Suche zu machen – jene kleinen Jobs, Vertretungen, Praktika, Fortbildungen und anderen Ersatzformen der Arbeit, bei denen sie häufig nur ausgebeutet werden – angesichts all derer, die zugrunde gehen, weil sie nichts gefunden haben, hätten wir es schon lange erfahren, wenn allein die Suche bereits Arbeitsplätze schaffen würde!

Aber geht es wirklich darum, »Anreize« zu schaffen, um nicht auffindbare Arbeitsplätze zu suchen? Geht es nicht vielmehr darum, für die geringe Menge an Arbeit, die noch gebraucht wird, einen noch niedrigeren Preis zahlen zu können, möglichst nahe am Nichts? Und auf diesem Weg den unersättlichen Profit zu steigern? Und das nicht ohne nebenbei noch die Schuld der Opfer hervorzuheben, die nie eifrig genug um das betteln können, was man ihnen verweigert und was ja auch gar nicht mehr existiert.

Es wäre an der Zeit. Mr. Gary Becker, Wirtschaftswissenschaftler und Nobelpreisträger, tadelt uns* und bedauert entrüstet »die großzügigen Sozialleistungen bestimmter europäischer Regierungen«, die außerdem »völlig unsinnigerweise den Mindestlohn auf 37 Francs (das heißt etwa 10,50 DM) erhöht haben«. Er konstatiert »eine schwere Krankheit« und warnt: »Wenn die Arbeit teuer und Entlassungen schwierig durchzuführen sind, halten sich Unternehmen damit zurück, die Erwerbstätigen zu ersetzen, die den Betrieb *verlassen*.**« Wir haben es ja geahnt. Und man ertappt sich dabei, wie man bedauert, daß Mr. Becker meine Amme Beppa nicht hat kennenlernen können: Es besteht kein Zweifel, daß sie sich auf höchst fruchtbare Weise über »die Henne, die goldene Eier legt« hätten austauschen können.

In Wirklichkeit geht es nicht um den Anreiz, Arbeit zu

* In: *Le Monde*, 28. März 1996.

** Hervorhebung durch die Verfasserin. Man bemerke den Euphemismus. Die Denkweise von Becker macht uns sprachlos, wenn er erklärt: »Da die Steuer, genau wie der Tod, unvermeidlich ist …« Wir überlassen es der Psychoanalyse, diese seltsame Behauptung zu interpretieren.

suchen, sondern um den Anreiz, sich ausbeuten zu lassen, zu allem bereit zu sein, um nicht vor Elend einzugehen – und weiter ein Paria zu sein, weil man endgültig aus dem Leben geworfen ist.

Das bedeutet auch, daß man alle, die andernfalls zu einer Gefahr für den »sozialen Zusammenhalt« werden könnten, schwächt und sie moralisch wie physisch vernichtet.

Das bedeutet vor allem, die Menschen im voraus so zu konditionieren, daß sie dem Schlimmsten entgegensehen, ohne ihm entgegenzutreten, sondern es – bereits völlig betäubt – erdulden.

Von dem so übermächtigen Profit ist dabei keine Rede. Das ist so üblich. Als ob die Frage zur Behauptung umgedreht würde, man interessiere sich allein für das Schicksal jener, die man in Wirklichkeit ununterbrochen auspreßt und die nur noch beten können, es möge so weitergehen: Solange sie noch auszupressen sind, werden sie noch toleriert. Danach jedoch …

Aber seien wir beruhigt, noch sind sie ja auszupressen. Erinnern wir uns daran, was Mr. Phelps, ein Gemäßigter, darlegte: Wenn man um jeden Preis eine »Arbeit« sucht (die nicht mehr vorhanden ist) und wenn man zugleich – das heißt neben der mühsamen Suche, dem Mangel an Einnahmen, dem Verlust (oder dem drohenden Verlust) der Wohnung, neben der Zeit, die man damit verbringt, sich fortjagen zu lassen, neben der Verachtung der anderen und der Selbstverachtung, neben der Leere einer schrecklichen Zukunft, neben der physischen Zerrüttung durch Mangel und Angst, neben der Zerrüttung von Ehe und Familie und neben der Verzweiflung –, wenn man also neben all dem in noch mehr »Unsicherheit« gezwungen wird, wenn man ohne Unterstützung ist oder im Zweifelsfall nur eine Unterstützung bekommt, die so kalkuliert wurde, daß sie nicht ausreicht, dann ist man bereit, jede beliebige Form der Arbeit zu jedem beliebigen Preis und zu jeder beliebigen Bedingung anzunehmen. Aber selbst dann wird man vielleicht keine finden.

Der einzige Grund, der für diejenigen, die über die geringen Reste an Arbeit verfügen, noch einen »Anreiz« darstellen könnte, Arbeitskräfte anzunehmen, ist die Möglichkeit, sich diese Kräfte zu den Elendslöhnen zu besorgen, die von den in »Unsicherheit« lebenden Unglücklichen akzeptiert werden. Arbeit schaffen – vielleicht, vor allem aber erst einmal Unsicherheit schaffen! Oder (noch besser) sie dort suchen, wo sie bereits herrscht, nämlich auf bestimmten Kontinenten.

Natürlich wird von diesen Arbeitsplätzen zu Billigstpreisen, die nicht helfen werden, aus dem Elend herauszukommen, nur ein höchst geringer Prozentsatz der Massen profitieren, deren Unsicherheit man kaltblütig geplant hat. Für die anderen bleibt nichts als die Unsicherheit. Und deren Folgen: Erniedrigungen, Entbehrungen, Gefahren. Bisweilen ein kürzeres Leben.

Der Profit? Der hat profitiert.

9

In einigen Regionen des Erdballs könnte der genannte »Anreiz« zur Arbeit nicht größer sein. Not und fehlende soziale Absicherung lassen dort die Arbeitskosten fast auf Null sinken. Ein wahres Eldorado für Firmen, geradezu traumhafte Bedingungen, und außerdem ein Steuerparadies. Ein beträchtlicher Teil unserer »dynamischen Kräfte«, die nur allzugern vergessen, daß sie die dynamischen Kräfte »der Nation« sind, zögern nicht, über jene Gebiete herzufallen und sich dort mit Arbeitskräften zu versorgen.

So erklären sich die Firmenabwanderungen mit ihren verheerenden Folgen. Rücksichtslos werden ganze Gemeinden in die Arbeitslosigkeit gestürzt, bisweilen ganze Regionen zugrunde gerichtet und die Nation an den Rand der Armut gebracht. Das zu fernen Gestaden aufgebrochene Unternehmen wird an seinem früheren Standort keine Steuern mehr zahlen, derweil der Staat und die im Stich gelassenen Kommunen für die Kosten der dadurch verursachten Arbeitslosigkeit aufkommen müssen – mit anderen Worten für die Kosten der Entscheidungen, die die Wirtschaft zum eigenen Nutzen und zum Schaden aller anderen gefällt hat! In der Tat eine langfristige finanzielle Belastung, denn für die so willkürlich zur Arbeitslosigkeit Verurteilten bestehen praktisch keine Aussichten, in den betroffenen Regionen und Berufsfeldern bald wieder Arbeit zu finden, und für manchen wird es schwierig sein, überhaupt je wieder eine Stelle zu finden.

Die Kapitalflucht vor der Steuer beraubt langfristig die ökonomischen und sozialen Strukturen des geprellten Staates ihrer Einnahmen. Vielleicht handelt es sich ja um eine optische Täuschung, doch es bleibt der vage Eindruck zurück, daß es sich bei den Besitzern der entflohenen »Vermögen« um niemand anderen handelt als um die vielbewunderten »dynamischen Kräfte« der geschädigten »Nation«!

Aber wer nimmt schon wirklich daran Anstoß, mit Ausnahme einiger Fachleute? Die öffentliche Meinung ist weit mehr (ja sogar außerordentlich) besorgt über die Anwesenheit von »Fremden« – das heißt von armen Fremden –, denen man unterstellt, sie rafften nicht vorhandene Arbeitsplätze an sich, saugten die Einheimischen aus und plünderten die Sozialkassen.

Gegen die ankommenden Einwanderer ballt man die Faust, doch dem fortziehenden Kapital winkt man zum Abschied freundlich hinterher! Es ist ja auch viel leichter, sich an den Schwachen zu vergreifen, die neu ankommen oder die schon im Lande leben – manche seit vielen Jahren –, als an den Mächtigen, die sich davonmachen!

Wenn jene Einwanderer in die wohlhabenderen Länder kommen, dann sollten wir nicht vergessen, daß eben diese Länder (das unsere eingeschlossen) zu ihnen gekommen sind und es immer noch tun, und das nicht allein des niedrigen Lohnniveaus wegen. Sie kommen, um deren Rohstoffvorkommen, ihre natürlichen Ressourcen, auszubeuten, die sie vielleicht schon längst erschöpft haben. Es ist eine Sache, nichts abzugeben, nicht zu teilen, doch es ist eine ganz andere, zu raffen, zu rauben und sich Güter anzueignen unter dem Vorwand, daß man sie mit größerem Geschick verwerten könne, wenn auch zum Nutzen anderer Regionen der Erde.

In enger Verflechtung mit unseren Staaten treten unsere »dynamischen Kräfte« bis auf den heutigen Tag in vielen Ländern als ökonomische Kolonialisten auf und bereichern sich auf diese Weise an ihnen. Die bereits arme, doch nun noch zusätzlich verelendete Bevölkerung jener Landstriche, deren Ressourcen man »übernommen« und damit deren spezifisches ökonomisches Gefüge durcheinandergebracht hat, wandert aus den nun unwirtlich gewordenen Gegenden in jene Gebiete aus, deren (über die Einwanderer empörte) Bewohner sich beispielsweise in Afrika als weit eigennützigere Besucher aufgeführt haben, als unsere Einwanderer es je sein werden. Freilich spielt sich das auf Ebenen ab, die von der Öffentlichkeit achtlos übergangen werden.

Die herrschenden Eliten hüten sich tunlichst, Licht in diese Zusammenhänge zu bringen. Sie schüren die Ressentiments, schätzen die Grauzone, in der sich Firmenabwanderungen, Kapitalflucht und andere mehr oder weniger gesetzmäßige Vorgänge anbahnen, und genießen die Beschaulichkeit ihrer Herrschaft über verstreute Schäfchen.

So schotten sich die westlichen Staaten eifersüchtig vom »Elend der Welt« ab, lassen es aber zu, daß der Reichtum, auf den sich ihre ohnmächtigen und falsch informierten Bürger immer noch einen Rechtsanspruch einbilden, durch virtuelle Kanäle das Weite sucht; jener Reichtum, in dessen Besitz sie sich noch wähnen und den sie verteidigen zu müssen glauben, dessen Flucht sie jedoch teilnahmslos zusehen.

Nicht die Einwanderer erschöpfen bei uns ein bereits bedrohlich zur Neige gehendes Lohnaufkommen, sondern jene Teile der Bevölkerung benachteiligter Gegenden, die gerade *nicht* zu Ausländern geworden, die gerade *nicht* ausgewandert sind, sondern zu Hause in ihren Heimatländern für ein Almosen (von »Lohn« kann wohl kaum die Rede sein) arbeiten, ohne soziale Absicherung und unter Bedingungen, die man bei uns übersieht. Sie sind Manna für die multinationalen Konzerne und werden als Vorbilder hingestellt. Als Vorbilder, an die man sich anpassen oder auf die man sich zumindest einstellen muß, will man nicht alle Hoffnungen darauf begraben, sich wieder in den Bestand an Arbeitsvieh einreihen zu dürfen, das arbeiten darf, solange es überhaupt noch Stellen gibt.

Über die Umverteilungen und Gewinnchancen wachen die großen weltumspannenden Organisationen wie etwa die Weltbank, deren Einschätzung lautet, daß »eine Politik, die multinationale Unternehmen besteuerte, um der Auslagerung von niedrig entlohnten Arbeitsplätzen in Entwicklungsländer vorzubeugen, kontraproduktiv wäre«* oder daß »die Verlagerung der Produktion ins Ausland eine wirksame Strategie ist, *den Marktanteil des Unternehmens unter den Bedingungen weltweiter Konkurrenz zu erhöhen* oder seine Verluste auf ein Minimum zu reduzieren«.**

Die Märkte können ihre Armen in einem immer weiteren Umkreis auswählen. Die Auswahl wird immer größer, denn nunmehr gibt es arme Arme und reiche Arme. Man muß nur suchen: Es finden sich immer noch ärmere Arme, die nicht so widerspenstig, nicht so »anspruchsvoll« sind. Menschen, die überhaupt keine Ansprüche stellen. Unglaubliche Löhne – regelrechte Sonderangebote.

* Zitiert nach Jacques Decornoy, »Pour qui chantent les lendemains«.

** Hervorhebung durch die Verfasserin.

Arbeit ist zum Nulltarif zu haben, wenn man nur zu reisen versteht. Dieses Vorgehen hat noch einen weiteren Vorteil: Die Beschäftigung der armen Armen stürzt die reichen Armen ins Elend; noch ärmer geworden und den armen Armen nähergerückt, werden sie ihrerseits geringere Ansprüche stellen. Fürwahr, es sind herrliche Zeiten!

Eine seltsame Rache der Besitzenden, die ihrer Tatkraft, ihrer Gewinn- und Herrschsucht, aber auch ihrem Unternehmungsgeist zu verdanken ist. Sie legen sich gewaltig ins Zeug und verlagern und erneuern andernorts gewisse Formen der Überausbeutung, die durch den Gang der Geschichte in den hochindustrialisierten Ländern als überwunden gelten und deren Ende – so glaubte man – sich auch andernorts abzuzeichnen begann, insbesondere nach der Entkolonialisierung.

Dabei machte man freilich die Rechnung ohne die neuen Technologien, verbunden mit der dramatischen Verknappung der Arbeitsplätze, die sie in großem Maß verantworten müssen. Mit weitsichtiger Schnelligkeit bemächtigt sich die Privatwirtschaft der von diesen Technologien bereitgestellten ungeheuren Möglichkeiten der Allgegenwart, Koordinierung und Informationsübermittlung und macht Gebrauch von kürzer gewordenen Distanzen in Raum und Zeit. All das ermöglicht der Privatwirtschaft ihre Flatterhaftigkeit, mit der sie stets auf neue Eroberungen ausgeht, die überheblichen geographischen Vergnügungen der inter-multi-transnationalen Unternehmen – eine Hochkonjunktur des Neokolonialismus.

Nichts vermag die hegemoniale Macht der Privatwirtschaft eindringlicher vor Augen zu führen. Nichts, außer vielleicht die Gleichgültigkeit, die sie hervorruft, die Dürftigkeit der Reaktionen, die dann auch noch ohnmächtig bleiben, nichts, außer vielleicht der erpresserische Druck, der unter diesen Bedingungen von der Privatwirtschaft auf die Politiker der Industriestaaten ausgeübt wird, damit sie Anpassungen nach unten vornehmen, die Steuern senken, die öffentlichen Ausgaben und den Sozialstaat abbauen, Maßnahmen zur Entbürokratisierung und Deregulierung treffen, das Recht, Arbeitnehmer ohne viel Federlesens zu entlassen, damit sie »liberalisieren«, um so den Mindestlohn abzuschaffen, die Flexibilisierung der Arbeit voranzutreiben usw. usf.

Diese mit Nachdruck vorgetragenen Vorschläge führen zumindest zu einer Lockerung bei der Anwendung bereits völlig ausgehöhlter und heftig angefochtener Regelungen, die zudem immer leichter zu umgehen sind. Noch treffen diese Vorschläge (oder Erpressungsversuche) auf schwachen Widerstand, auf eine öffentliche Meinung, die beunruhigt, aber auch ziemlich überfordert ist, leicht zu zerstreuen und stets bereit, sich einlullen zu lassen. Hie und da erfolgt noch ein Aufbäumen, wie im Dezember 1995 in Frankreich, als zwei Millionen Menschen auf die Straße gingen. Man hatte den Eindruck, daß gewisse Leute dachten: »Die Hunde bellen, aber die Karawane zieht weiter« oder »Red du nur, ich hör' sowieso nicht zu«.

Es stimmt, daß die Einwohner der Industriestaaten all dessen überdrüssig sind, sie mußten bereits auf vieles verzichten. Sie haben intensiv nachgedacht. Einsamkeit und Resignation sind ihre Gefühle angesichts dieses monströsen Apparats namens »Einheitsdenken«. Sie stehen an einem Wendepunkt, der kritischer ist, als es den Anschein hat, und sie befassen sich lieber nicht mit ihm. Vorerst sind sie bereit, den alten Legenden noch zu lauschen, die man den ganzen Abend über wieder und wieder erzählt, wenn sie sanft vor sich hindösen, eingelullt von den Ammenmärchen, in denen die reichen Länder auch glückliche Länder sein sollen. Dies stellt sich nun zunehmend als Irrtum heraus.

Wir haben eine Revolution durchgemacht, ohne daß uns das aufgegangen wäre. Es ist eine radikale, eine stumme Revolution, ohne theoretischen Überbau und ohne ideologische Bekenntnisse; sie hat sich durch stillschweigend geschaffene Tatsachen durchgesetzt, völlig unangemeldet, kommentarlos und ohne die geringsten Vorzeichen. Die Rede ist von Tatsachen, die lautlos in den Gang der Geschichte und in unsere Lebensverhältnisse eingeführt worden sind. Es macht die Stärke dieser Entwicklung aus, daß sie erst dann erkennbar wird, wenn sie bereits vollzogen ist, und daß sie es vermocht hat, bereits im voraus, also noch bevor sie überhaupt in Erscheinung getreten ist, jede Gegenreaktion zu unterbinden oder zu lähmen.

Auf diese Weise umschließt uns das Halseisen der Märkte wie eine zweite Haut, von der wir meinen, daß sie uns angemessener sei als die unseres eigenen Körpers.

So haben wir es zum Beispiel so weit gebracht, daß wir nicht mehr die Unterbezahlung der ausgebeuteten Arbeitskräfte in den Elendsregionen beklagen, die (unter anderem) durch die Verschuldung häufig »kolonisiert« werden, sondern statt dessen die dadurch in *unseren* Breiten hervorgerufene Unterbeschäftigung bejammern und jene unglücklichen Menschen beinahe beneiden, während sie in Wirklichkeit doch Ausgestoßene sind, die unter skandalösen sozialen Bedingungen leben müssen – wir wissen das nur zu gut, billigen es aber uneingeschränkt!

Mit Blick auf die Arbeitsplätze pflegt man zu beklagen, daß das, was dem einen genommen wird, auf Umwegen einem anderen zugeschlagen wird. Oder aber man freut sich darüber, daß einer das erhält, was dem anderen auf diesem Wege geraubt wird. »Am Amtssitz des Premierministers«, so liest man beispielsweise, »hegt man die Hoffnung, daß zwei von drei neuen Stellen mit Jugendlichen besetzt werden.«* Dies zeugt gewiß von einem höchst löblichen Willen, doch es bedeutet, daß von drei älteren Arbeitslosen zwei arbeitslos bleiben werden, da die Gesamtmenge der verfügbaren Arbeitsplätze ja nicht im gleichen Maße wächst, sondern im Gegenteil zumeist sogar abnimmt. Dasselbe gilt, wenn man bei steigender Arbeitslosigkeit gedankenlos bejubelt, daß zur gleichen Zeit der Prozentsatz der Langzeitarbeitslosen sichtbar sinkt; in diesem Fall sind es die Jungen, die noch weniger Stellen erhalten werden, als die hohe Arbeitslosenrate es ohnehin befürchten ließ.

Tatsache ist, daß man die falschen Probleme anpackt und so tut, als lenkte man etwas, was in Wirklichkeit gar nicht zu lenken ist. Es wäre jeder nur erdenklichen Mühe wert, einem einzigen Menschen aus der Arbeitslosigkeit herauszuhelfen. Doch beim gegenwärtigen Stand der Dinge kann man nichts anderes tun, als dieselben Karten anders zu verteilen, ohne das geringste zu verbessern. Das Gefälle der abschüssigen Bahn, auf der wir uns alle befinden, kann man nicht verändern, sondern man kann lediglich leicht dagegenhalten und auf die tatsächliche Situation einwirken – nicht auf jene, die schon seit langer Zeit nicht mehr besteht.

Auf individueller Ebene werden Arbeitslose durch die Ratschläge, mit denen man sie bei den einschlägigen Beratungsstellen überhäuft, darauf hingewiesen, wie sie –

* *Paris Match*, 21. März 1996.

ein hilfreiches Wunder vorausgesetzt – vielleicht zu einem Arbeitsplatz kommen können, den dann eben darum ein anderer nicht erhalten wird, oder besser: den viele andere nicht erhalten werden, wenn man sich die Bewerberzahlen selbst für das bescheidenste Pöstchen vor Augen hält. (Es herrscht großer Andrang an den weiterführenden Schulen, die so gute Karrierechancen eröffnen und schließlich, mit ein wenig Glück, den Besuch weiterer Schulen dieser Art ermöglichen, ein befristeter Vertrag, dessen Laufzeit aber immer nur begrenzt ist. Teilzeitarbeit? Das Einkommen entspricht der Hälfte des SMIC, des gesetzlichen Mindestlohns, also ungefähr 2800 Francs, umgerechnet derzeit etwa 850 DM im Monat.) Auf derselben Ebene wie diese Ratschläge – oft das einzige, was einem angeboten wird – liegen die »Tricks« für eine Bewerbung, die erfolgreicher ist als die eines Mitbewerbers, der dann leer ausgeht. All dies verringert die Zahl der Ablehnungen nicht im mindesten, wenn man bedenkt, daß die Tendenzen beim Lohnaufkommen und bei den Beschäftigungszahlen keineswegs nach oben weisen. Das eigentliche Problem ist also nicht einmal angeschnitten worden.

Der rasante Anstieg der Arbeitslosenzahlen in den Industrieländern bewirkt, daß sie – wie gezeigt wurde – sich unmerklich der Armut der dritten Welt annähern. Es bestand durchaus einmal Anlaß zu der Hoffnung, daß das Gegenteil eintreffen würde: allgemeiner Wohlstand; nun aber ist es das Elend, das weltweite Ausmaße annimmt und auch in den bislang privilegierten Gegenden der Welt um sich greift, und zwar mit einer Gerechtigkeit, die den Anhängern dieses in Mode gekommenen Begriffs alle Ehre erweist.

Der Niedergang – nicht etwa der Niedergang der Wirtschaft, der geht es nämlich glänzend! – zeichnet sich immer deutlicher ab und wird wie ein Naturereignis hingenommen. Immer häufiger greift der Staat lenkend ein, er, der doch selbst der Privatwirtschaft mehr und mehr auf Gedeih und Verderb ausgeliefert ist, einer Privatwirtschaft, die im Verein mit den großen Weltorganisationen wie etwa der Weltbank, der OECD sowie dem Internationalen Währungsfonds die Zügel in der Hand hält.

Das unser Leben de facto bestimmende Herrschaftssystem, in dessen Gewalt wir mehr und mehr geraten, beherrscht uns zwar nicht de jure, es legt aber die Eckdaten fest, von denen dann auch die politische Führung ausgehen muß. Dies gilt auch für die Regelungen, wenn nicht gar Gesetze, durch welche die wahren Schaltstellen der Macht, die multinationalen Konzerne und die Hochfinanz, dem Zugriff staatlicher Instanzen und überhaupt jeder effektiven Kontrolle entzogen werden; in Wahrheit sind sie es, die die Staatsmacht unter Druck setzen und kontrollieren. Die Staatsmacht wiederum ist in die Macht der einzelnen Staaten aufgesplittert, eine Aufsplitterung oder Begrenzung, die für die privatwirtschaftlichen Machtgruppen ebenso bedeutungslos ist wie Staatsgrenzen.

Wie immer es auch um die Macht einer Regierung, ihren Handlungsspielraum und ihre Fähigkeit, Verantwortung zu tragen, bestellt sein mag – das Regierungshandeln vollzieht sich heutzutage auf der Bühne der Ökonomie, der Wechselgeschäfte und der Produktionsstandorte. Diese Faktoren bestimmen die Politik einer Regierung, fallen jedoch nicht in deren Ressort. Sie hängen nicht mehr von der Regierung ab, wohl aber diese von ihnen. Eine beinahe schon anekdotische Begebenheit mag dies illustrieren: Während sich die gesamte Politikerschar heiser redet, um uns ihres Feuereifers bei der Bekämpfung der Arbeitslosigkeit zu versichern, läßt die noch gar nicht lange zurückliegende Nachricht von sinkenden Arbeitslosenzahlen in den USA die Börsenkurse auf der ganzen Welt einbrechen. *Le Monde* meldete am 12. März 1996: »Freitag, der 8. März, wird den Finanzmärkten als schwarzer Tag in Erinnerung bleiben. Die Veröffentlichung ausgezeichneter, doch unerwarteter Zahlen über die Beschäftigungsentwicklung in den USA wurde wie eine kalte Dusche aufgenommen, eine offenkundige Paradoxie, wie sie auf den Finanzmärkten schon zur Gewohnheit geworden ist … Die Märkte, die vor allem die Überhitzung und die Inflation fürchten, sind einer regelrechten Panik zum Opfer gefallen … An der Wall Street schloß der Dow-Jones-Index, der noch am vergangenen Dienstag einen neuen Rekord aufgestellt hatte, mit einem dramatischen Sturz der Kurse um über 3 %; es handelt sich dabei um den stärksten prozentualen Kursrückgang seit dem 15. November 1991. Auch auf dem europäischen Parkett kam es zu massiven Einbrüchen … Die Finanzplätze scheinen auf *jede schlechte Nachricht* besonders empfindlich zu reagieren …«* Und weiter heißt es dort: »Die Börsenfachleute warten noch ab, ob sich die Rekordzahlen von 705 000 im Februar in den USA neu geschaffenen Arbeitsplätzen bestätigen; dies wären die höchsten Zahlen seit dem 1. September 1983. Eben diese Statistik war der Funke im Pulverfaß. [Die New Yorker Börse] ist am Freitag selbst noch während der letzten beiden Stunden vor Börsenschluß in Panik geraten. Die Wall Street könnte sich Rahmenbedingungen gegenübersehen, die sich ganz und gar zu ihrem Nachteil ent-

* Hervorhebung durch die Verfasserin.

wickelt haben, nämlich einem bereits weit vorangeschrittenen Anstieg der langfristigen Zinsen auf der einen Seite und einer Stagnation oder sogar einem Rückgang der Unternehmensgewinne auf der anderen.«

Eine weitere Begebenheit verdient Beachtung: Dieselben Kurse schossen vor einigen Jahren in die Höhe, als bekannt wurde, daß bei Xerox Massenentlassungen in der Größenordnung von einigen zehntausend Arbeitern anstanden. Nun ist die Börse aber der Tummelplatz der »dynamischen Kräfte«, auf die sich die Regierungen statt auf ihre Nationen stützen.

Doch werden wir auch in Zukunft in unverminderter Lautstärke im Chor jammern: »Arbeitslosigkeit ist die Heimsuchung unserer Tage«, und an den weihevollen Hochämtern der Wahlkampfzeit teilnehmen, bei denen für das Wunder einer dauerhaften Rückkehr zur Vollbeschäftigung bei voller Arbeitszeit gebetet wird. Und auch weiterhin wird man unermüdlich die Kurven der Arbeitslosenstatistik veröffentlichen und sie unter Ausrufen der Überraschung und des Bedauerns zur Kenntnis nehmen, wobei die gespannte Erwartung nie enttäuscht wird. Dies zum allergrößten Nutzen der demagogischen Versprechungen, der allgemeinen Gefügigkeit und der verhohlenen Panik, die stetig anwächst und die – wie hier wieder einmal deutlich ins Auge springt – *gelenkt* ist.

Freilich erfolgt dies mit äußerster Diskretion. Hat denn der durch den Rückgang der Arbeitslosigkeit bedingte Sturz der Börsenkurse die Öffentlichkeit aufgerüttelt? Dem Phänomen wurde kaum Beachtung geschenkt, offenbar verstand sich dies von selbst. »One of these things«, wie man im Englischen sagt – sowas kommt eben vor. Lag darin nicht ein Zeichen, ein Hinweis? Nicht im geringsten! Jedenfalls sah es nicht danach aus. Auch wenn der Widerspruch zu den allseitigen Schönfärbereien, den gebetsmühlenhaften Erklärungen von Politikern und Unternehmern eklatant war. Auch wenn die Hochfinanz damit ihre wahren Interessen und damit auch die Interessen der von ihr beeinflußten öffentlichen Gewalten eingestanden hat, die orientierungslos im Nebel andernorts gefällter (und oft auch unbekannter) Entscheidungen herumstochern. Ein Eingeständnis der Regierungen, der Abgeordneten und der politischen Amtsanwärter, die – die nächste Wahl bereits im Blick – ohne rechte Überzeugung einer längst abgestumpften Öffentlichkeit das matte Schauspiel von Rettungsplänen bieten, mit denen man der Arbeitslosigkeit angeblich beikommen will. Diese Aktionen dienen allein dem Zweck, die Überzeugung zu bekräftigen, daß es sich nur um einen Beschäftigungsrückgang handle, der bei all seinen schwerwiegenden Auswirkungen letztlich nur vorübergehend sei.

Wir haben es hier mit Ritualen zu tun, an die jeder zu glauben vorgibt, um sich leichter davon zu überzeugen – wenn es auch zunehmend schwerfällt –, daß es sich nur um eine Krisenperiode handle und nicht etwa um eine Mutation, um einen neuen Zivilisationstypus, dessen Fundament bereits gelegt ist, in dessen innerer Logik es liegt, daß der Lohnarbeit der Garaus gemacht, das Erwerbsleben abgeschafft und die Mehrheit der Menschen marginalisiert wird. Und was kommt dann?

Es sind Rituale, an die man sich klammert, um sich wenigstens sagen zu hören, daß es sich um eine Durststrecke handelt und nicht um eine neue Herrschaftsform, welche in absehbarer Zeit auf keinem System wirklichen Austauschs mehr beruhen und keiner äußeren Stütze mehr bedürfen wird, da ihre Wirtschaftsweise nur noch sich selbst dient und zum reinen Selbstzweck geworden ist. Ganz zweifellos eine der wenigen Utopien, die je verwirklicht wurden! Es ist das einzige Beispiel der an die Macht gelangten Anarchie (freilich führt sie das Wort »Ordnung« im Munde), die über den gesamten Erdball herrscht, und zwar jeden Tag ein wenig mehr.

Wir leben in denkwürdigen Zeiten, in denen das Proletariat – seligen Angedenkens! – dafür streitet, seine *conditio inhumana* wiederzuerlangen, während die *Internationale*, die ein wenig in die Jahre gekommen ist, bedeckt vom Staub der Requisitenkammer und mit der Patina längst vergessener Parolen, wieder aufzuerstehen scheint, lautlos und ohne große Reden und Fanfaren, zögernd angestimmt vom anderen Lager. Sie faßt Fuß und hat große Ambitionen, doch diese Internationale ist weitaus robuster, besser gerüstet und diesmal auch siegreich, denn sie hat die Waffen klug gewählt: die Macht des Geldes und nicht die Staatsgewalt.

10

DIE INTERNATIONALEN wechseln, doch wird das »letzte Gefecht« je auf der Tagesordnung stehen? Ist es nicht seit eh und je (und zum Glück!) das Schicksal jeder vermeintlichen Schlußfolgerung gewesen, daß sie erneut in Frage gestellt wird? »Alles verfällt, alles geht vorüber, alles zerbricht« pflegte meine lebenserfahrene Amme Beppa zu sagen, und es spricht viel dafür, daß sie damit recht hat.

Nichts war je endgültig oder wird es je sein, nicht einmal die erstarrtesten Verhältnisse. Der Lauf unseres Jahrhunderts bietet hierfür reiches Anschauungsmaterial. Von einem »Ende der Geschichte«, wie man uns glauben machen wollte, kann heutzutage keine Rede sein, sondern im Gegenteil von einer Entfesselung der Geschichte; wann hat es je eine so aufgewühlte und manipulierte Zeit gegeben, wann hat sie sich je in einer solchen Einbahnstraße befunden, hin zu einem »Einheitsdenken«, das doch, ungeachtet aller Eleganz und Effizienz gewisser Verschleierungsversuche, nur auf Profit ausgerichtet ist?

Sind angesichts dieses Szenarios irgendwelche Analysen, Proteste oder Kritiken, eine Gegenmacht oder gar eine Alternative auszumachen? Nichts von alledem – außer dem Echo und bestenfalls dessen Variationen, die man aber der Akustik zuschreiben mag. Es herrscht vor allem Taubheit und Blindheit, während wir in schwindelerregende Beschleunigungsprozesse hineingerissen werden, in eine rapide Entwicklung zu einer verödeten Welt, die um so leichter zu kaschieren ist, als wir uns weigern, sie wahrzunehmen.

Wir leben in geschichtlich bedeutenden Zeiten. Diese liefern uns den Gefahren und der Gnade einer tyrannischen Ökonomie aus, deren Dimensionen zumindest zu verorten und zu analysieren wären und deren Machtgefüge es zu entschlüsseln gälte. So sehr sich die Wirtschaft auch globalisiert, so sehr sich die Welt ihrer Macht auch fügen mag – es stellt sich immer noch die Aufgabe, zu begreifen und darüber zu entscheiden, welchen Raum das menschliche Leben in diesem Szenario noch einzunehmen vermag. Es ist zwingend geboten, wenigstens die Umrisse der Struktur zu erkennen, von der wir ein Teil sind, und zu ermessen, was wir noch tun können. Die Eingriffe, die Plünderungen, die Eroberung – wie weit gehen sie, wie weit drohen sie zu gehen?

Und wenn diese Eroberung schon allseits gebilligt wird, wenn ihr jedenfalls von allen Lagern attestiert wird, sie sei unumgänglich – obwohl mancher einige spärliche Schönheitskorrekturen, ja sogar Reformen für möglich hält –, kann man dann nicht wenigstens jedem die Freiheit lassen, bei klarem Verstand und mit einer gewissen Würde, auch wenn man zu den Verlierern zählt, selbst zu bestimmen, wo man steht?

So lange schon sind wir selbst eindeutigen Vorboten dieser Entwicklung gegenüber blind! Die neuen Technologien (wie etwa die Automatisierung), deren Aufkommen sich schon seit langem abzeichnete und die seinerzeit noch voller Verheißungen steckten, wurden erst zur Kenntnis genommen, als man sich auf Unternehmerseite ihrer bereits zu bedienen begann und sie – auch hier ohne großes Nachdenken – übernahm, wobei man von ihnen zunächst einen pragmatischen Gebrauch machte. So lange jedenfalls, bis die Wirtschaftsunternehmen sie sich schließlich angeeignet hatten, um sich ihnen gemäß zu organisieren und sie auf unser aller Kosten für ihre Zwecke nutzbar zu machen.

Es hätte auch ganz anders kommen können, hätten sich politische Köpfe schon ab 1948 mit den frühen Werken von Norbert Wiener* befaßt (der nicht nur der geistige Vater der Kybernetik, sondern mit Blick auf deren Folgen auch ein überaus scharfsichtiger Prophet war), hätten sie es verstanden, die richtigen Schlüsse daraus zu ziehen und herauszulesen, welch verstiegene Hoffnung, welches Gefahrenpotential in dieser Entwicklung auf lange Sicht schlummerte.

Alles war hier bereits in Ansätzen sichtbar: die Ausrottung der Arbeit, die Macht der Technologie, die Metamorphosen, die damit verbunden waren, wie auch eine völlig andere Verteilung der Energie und andere Definitionen von Raum und Zeit, von Körper und Intelligenz.

Die Umwälzungen aller wirtschaftlichen Prozesse, insbesondere des Arbeitsprozesses, ließen sich mit Wiener vorwegnehmen. Im Laufe der folgenden Jahre und sogar Jahrzehnte habe ich mich oft darüber gewundert, daß kein einziges Herrschaftssystem, keine einzige Regierung oder Partei jene Umwälzungen in ihre Analysen und mittel- oder langfristigen Prognosen einbezogen hat. Munter sprach man von Arbeit, Industrie, Arbeitslosigkeit, Wirtschaft, ohne je einen Gedanken auf jene Phänomene zu verschwenden, die mir so prägend erschienen

* Norbert Wiener, *Kybernetik: Regelung und Nachrichtenübertragung im Lebewesen und in der Maschine*, Düsseldorf 1963; *Mensch und Menschmaschine: Kybernetik und Gesellschaft*, Frankfurt/M. [4]1976.

und Potentiale in sich bargen, die damals scheinbar unverhoffte Aussichten ankündigten. Noch im Jahre 1980 habe ich geschrieben: »Es ist erstaunlich, daß die Kybernetik sich unter *keinerlei* Herrschaftssystem weiterentwickelt hat und man immer noch an demselben anfechtbaren und unterdrückerischen Marktsystem festhält. Die Kybernetik ist nicht notwendigerweise ein ›Ausweg‹, doch ist es symptomatisch, daß man diese Möglichkeit nicht einmal in Erwägung zieht. Aus Phantasielosigkeit? Im Gegenteil: aus einem Übermaß an Phantasie, die vor der Freiheit zurückschreckt ...«* Denn die Idee vom Ende der Arbeit und von allem, was in diese Richtung wies, konnte damals nur für eine Befreiung gehalten werden.

Die von der Politik vernachlässigte Kybernetik wurde fast beiläufig in die Wirtschaft eingeführt, und zwar nicht aufgrund ausgedehnter Überlegungen oder strategischer, machiavellistischer Hintergedanken, sondern gleichsam auf »unschuldige« Weise, mit praktischen Absichten und ohne theoretischen Ballast, eher vergleichbar einem einfachen Werkzeug, das anfangs nur nützlich, bald darauf aber unentbehrlich ist. Die Kybernetik hat sich als Faktor von unabsehbarer Reichweite erwiesen, der maßgeblich verantwortlich für eine Revolution von weltweiten Ausmaßen ist – was vorauszusehen war, aber nicht vorausgesehen wurde. Angeblich sollten ihre Folgewirkungen, die bis weit in unser alltägliches Verhalten hineinreichen, ein wahrer Segen für die Menschheit sein, ja an ein Wunder grenzen. In Wirklichkeit hatten sie katastrophale Konsequenzen.

Statt den Weg für eine Verringerung oder sogar eine

* In: *La Violence du calme*, Paris 1980.

hochwillkommene und in allseitigem Einvernehmen betriebene Abschaffung der Arbeit frei zu machen, führt die Kybernetik zu deren Verknappung und bald auch zu deren Aufhebung, ohne daß die Notwendigkeit des Arbeitens oder die Kette der Austauschprozesse, als deren alleiniges Bindeglied die Arbeit nach wie vor betrachtet wird, im gleichen Maße aufgehoben oder gar neu organisiert worden wären.

Die Unschuld, mit der Wirtschaftsunternehmen und Märkte die neuen Technologien anfänglich noch einsetzten, ist alsbald einer weitaus raffinierteren und planvolleren Nutzung, schließlich aber dem reinen Kalkül gewichen, das nur noch nach Profiten schielt und dessen Zeche die Arbeiter aus Fleisch und Blut zu zahlen haben.

Weit davon entfernt, eine geradezu paradiesisch anmutende Erlösung zu sein, die allen zugute käme, wird das Verschwinden der Arbeit zu einer handfesten Bedrohung, wird ihre Knappheit und Unsicherheit zu einem Unheil, denn die Arbeit bleibt ja auf gänzlich irrationale, grausame und mörderische Weise ein absolutes Erfordernis, nicht etwa für die Gesellschaft oder gar für die Produktion, sondern für das Überleben all derer, die nicht arbeiten, die nicht mehr arbeiten können und für die allein Arbeit eine Erlösung bedeutete.

Fällt es den Schwächsten der Gesellschaft (sie machen die große Mehrheit aus) in einer solchen Situation leicht einzuräumen, daß die Arbeit selbst zum Verschwinden verurteilt ist und praktisch keine Daseinsberechtigung mehr hat, abgesehen von dem antiquierten Nutzen, jener existentiellen Notwendigkeit, die sie für diese Menschen darstellt? Selbst dann, wenn immer wieder neue Beweise und Beispiele dafür angeführt werden?

Und wenn man sich endlich dessen bewußt geworden

ist, was seit ewigen Zeiten wiedergekäut wird: daß nur die Arbeit uns eine Existenzberechtigung verleiht, oder besser noch: nur unsere Beschäftigung – wie sollte man dann einräumen, daß die Arbeit selbst ihren Nutzen eingebüßt hat, zu nichts mehr taugt, nicht einmal für den Gewinn der anderen, daß sie nicht einmal mehr der Ausbeutung für würdig befunden wird?

Auch die Überhöhung, Verherrlichung und Vergöttlichung der Arbeit entspringen daraus, nicht nur aus der materiellen Not, die mit ihrer Abwesenheit einhergeht. Träfe uns heute der Fluch des Allmächtigen: »Im Schweiße deines Angesichts sollst du dein Brot essen!«, so klänge er in unseren Ohren wie eine Belohnung, wie ein Segen. Es scheint, als habe man auf ewig vergessen, daß die Arbeit oft und noch vor gar nicht langer Zeit als bitterer Zwang, wenn nicht gar als Höllenqual galt.

Hätte Dante sich die Hölle derer vorstellen können, die vergeblich nach der Hölle verlangen, für die die ewige Verdammnis gerade darin bestünde, aus der Hölle vertrieben worden zu sein?

Bekräftigt wird das von Shakespeare, wenn er im *Sturm* Ariel sagen läßt: »Die Höll ist ledig und alle Teufel hier!«

Der Weg, der sich – nicht etwa zum Mangel an Arbeit, sondern hin zu einer allmählichen und einvernehmlichen Verringerung ihrer Mühsal – hätte auftun können, der zu ihrem Verschwinden hätte führen können (und auf diese Weise zu einer Erlösung, die allen zugute gekommen wäre, zu einer freieren und heitereren Existenz), dieser Weg führt heute zum Statusverlust, zu Verarmung, Erniedrigung und Marginalisierung, und vielleicht dazu, daß immer mehr Menschen aus der Gesellschaft ausgestoßen werden.

Dieser Weg führt uns in die schlimmsten Gefahren. Unser Fluchtinstinkt, unser unermüdliches Ausweichen, unsere Weigerung, die Dinge bei Licht zu betrachten – all dies hilft uns, in dem Drama, das sich vor unseren Augen abspielt und das noch weit tragischere Formen annehmen könnte, stillzuhalten. Und doch ist noch nicht jeder Ausweg verbaut, noch ist alles möglich. Es ist nur von größter Dringlichkeit zu enthüllen, in welchem noch inoffiziellen und erst allmählich seine Wirkungen entfaltenden Rahmen, in welcher Gesamtkonstellation, unter welchen politischen (das heißt ökonomischen) Bedingungen und Zielvorgaben und vor allem: unter welchen zur Routine gewordenen Ausflüchten sich unser Leben gegenwärtig abspielt.

Um dies zu erreichen, müssen wir uns von einem Syndrom befreien: dem Syndrom des *entwendeten Briefs*, der unbemerkt bleibt, weil er offen zur Schau gestellt wird. Doch während der Brief in Edgar Allan Poes Erzählung durch die List dessen verborgen blieb, der ihn zu verstecken wünschte, so ist er es heute durch die Zurückhaltung derer, die ihn suchen sollten, durch ihre wilde Entschlossenheit, ihn nicht zu entdecken oder sich nicht einzugestehen, den Brief gesehen zu haben, um auch nicht das geringste Risiko einzugehen, ihn lesen zu müssen. Nun schützt freilich die Unkenntnis seines Inhalts keineswegs gegen das Unheil, das er möglicherweise ankündigt. Ganz im Gegenteil.

Wir sind nicht so gleichgültig oder passiv, wie es den Anschein haben mag. In Wirklichkeit sind all unsere Kräfte, all unsere Anstrengungen auf das Ziel gerichtet, nichts von dem anzuerkennen, was uns – immer stärker – daran hindert, die einzige uns bekannte Lebensweise fortzusetzen, jene nämlich, die mit dem System der Arbeit untrennbar verbunden ist. In unseren Augen ist sie die einzige Lebensform, die unserem Planeten angemessen ist. Und wir sind sogar bereit zu akzeptieren, daß man uns dieser Existenzform beraubt und uns aus ihr verstößt, wenn wir wenigstens noch ihre Zuschauer sein können, und sei es nur, um ihrem Untergang zuzusehen.

Unser Widerstand wählt diesen Weg, der uns gerade für das blind und taub macht, was weiteren Widerstand auf den Plan rufen könnte – selbst einfachen Fragen gegenüber verschließen wir die Ohren. Mit aller Macht halten wir an der Rolle der Vestalinnen fest!

Wir lassen es zu, daß man uns gegenüber von »Arbeitslosigkeit« spricht, als ob es sich tatsächlich darum handelte, hat doch dieser Ausdruck noch die »Arbeit« zu seinem Echo; vielleicht ist genau das eines der letzten Bande, die uns noch an sie binden.

Wir nehmen es hin, daß die Arbeitslosigkeit unaufhörlich ansteigt, während man uns ebenso unaufhörlich zusichert, sie zu beseitigen; wir tolerieren, daß diese Versprechungen ihrerseits wieder als Freibrief für jede Art von Mißbrauch dienen, für die Schaffung weltweiter, unerträglicher Mißstände, denn auf diese Weise scheinen wir uns noch in der Sphäre der Arbeit behaupten zu können (und sei es auch als unerwünschte, als verschmähte Personen), in einer Sphäre, die wir um nichts in der Welt verlassen möchten; auch der »Arbeitsmangel« gehört ihr letzten Endes noch an.

Wir sind uns bewußt, daß wir in eine andere, unumkehrbare Ära der Geschichte eingetreten sind, die weder uns noch sonst jemandem bekannt ist, und wir geben uns den Anschein, sie zu ignorieren. Doch ist es nicht seltsam und wenig glaubhaft, daß die Geschichte die Merkmale eines Leichenbegängnisses angenommen hat und daß die

Existenz dieser neuen Ära zuzugeben so sehr einem Trauerfall gleichkäme, daß es schon unerträglich erscheint, sie sich nur vorzustellen oder ihr gar die Stirn zu bieten? Ist es denn so qualvoll zuzugeben, daß man nicht mehr der Mühsal der Arbeit unterworfen ist wie früher, unter den damals so prekären Lebensbedingungen? Indes, sind wir der Arbeit in Wirklichkeit heute nicht in höherem Maße unterworfen, stehen wir ihr nicht gerade durch ihren Mangel noch ohnmächtiger gegenüber als je zuvor?

Sollte die Erlösung vom Arbeitszwang, vom biblischen Fluch, nicht logischerweise dazu führen, die eigene Lebenszeit freier einteilen, freier durchatmen zu können, sich lebendig zu fühlen, ohne herumkommandiert, ausgebeutet und in Abhängigkeit gehalten zu werden und ohne solche Mühsal ertragen zu müssen? Hatte man nicht seit Menschengedenken alle Hoffnungen auf eine solche Wende gesetzt, die man für einen unerreichbaren, doch mehr als alles andere ersehnten Traum hielt?

Dieser Übergang von einer bestimmten Ordnung der Dinge zu einer anderen, die heute Gestalt annimmt und die wir nicht zur Kenntnis nehmen wollen, erschien früher als Utopie. Doch stellte man sich die Verwirklichung dieser Utopie so vor, daß die Arbeitenden, ja, daß alle Menschen diese neue Ordnung in die Hände nehmen würden und nicht etwa eine verschwindend kleine Minderheit von Menschen die Macht übernehmen würde, die sich als die Herren fortan nutzloser Sklaven gebärden, als Eigentümer eines Planeten, den sie ganz allein regieren und den sie allein ihren Zwecken dienstbar machen, wozu sie der großen Zahl menschlicher Hilfskräfte nicht mehr bedürfen.

Niemals hätte man sich vorzustellen vermocht, daß die Erlösung vom Halseisen der mühevollen Arbeit einer Katastrophe gleichkäme, ja, daß überhaupt je eintreten würde, was nun wie ein zunächst verheimlichtes Phänomen schlagartig zum Vorschein kommt. Und ebensowenig hätte man jemals geahnt, daß eine Welt, die auch ohne den Schweiß auf der Stirn so vieler Menschen auszukommen vermag, sogleich (ja sogar im vorhinein) zur Beute einiger weniger würde und daß man in ihr nichts Dringlicheres zu tun haben würde, als die überflüssig gewordenen Arbeiter gnadenlos in die Enge zu treiben, um sich ihrer leichter entledigen zu können. Und daß sich dies nicht etwa durch die Fähigkeit aller zeigen würde, ihre Rolle als Menschen reifer auszufüllen und ihr besser gerecht zu werden, sondern durch verschärften Zwang, der mit allgemeiner Beraubung, Erniedrigung und Mangel einhergeht, vor allem aber mit noch vollständigerer Unterwerfung. Wir werden zu Zeugen einer immer offenkundigeren Einsetzung einer Oligarchie, zu der angeblich keine wie auch immer geartete Alternative denkbar ist, und erleben einhellige Zustimmung und ein Einverständnis von kosmischen Ausmaßen.

Eine kritische Auseinandersetzung mit dieser Problematik (von Kämpfen ganz zu schweigen) findet nicht statt, fehlt so vollständig, daß den Entscheidungsgewaltigen geradezu schwindlig wird: Bei ihren doch so einschneidenden Projekten treffen sie auf keinen nennenswerten Widerstand, statt dessen herrscht Friedhofsruhe, die öffentliche Meinung existiert nicht oder meldet sich nicht zu Wort, alles wird stillschweigend gebilligt. Dabei sind es Phänomene, die doch größte Tragweite besitzen, Ereignisse – oder genauer: Vorboten von Ereignissen – die in einem Ausmaß, mit einer Macht und mit einer Geschwindigkeit losbrechen, die ihresgleichen suchen.

Trotz der »Verwerfungen«, die die Gesellschaft durchziehen, erscheint der »gesellschaftliche Zusammenhalt« so unerschütterlich, daß selbst diejenigen verwirrt scheinen, die vor seinem Zerfall warnen. Um so mehr, als diese Mahner Anzeichen zu sehen glauben, die zur Entfesselung von Proteststürmen führen könnten, von denen aber kein Hauch zu spüren ist.

So erklärt sich all die Vorsicht und Geduld, welche die offiziellen Reden lange an den Tag gelegt haben. Dieser beiden Tugenden bedarf es weniger und weniger. Schon jetzt sind alle Voraussetzungen geschaffen, die Begriffe eingebürgert, die Gemeinplätze zur Stelle! Alles scheint ganz einfach zu sein.

Trotz des beherzten, wenn auch ergebnislosen Versuchs des französischen Staatschefs Jacques Chirac (der damit teilweise an die Positionen seines Präsidentschaftswahlkampfs anknüpfte), wenigstens eine Absichtserklärung abzugeben, in der »soziale Fragen« anklingen, haben die sieben wichtigsten Industriestaaten (das heißt die reichsten der Welt) im Verlauf des G7-Treffens zur Beschäftigung im April 1996 in Lille in aller Eintracht – ohne es auch nur für nötig zu erachten, ein Blatt vor den Mund zu nehmen – Einigkeit erzielt, diesmal ohne alle Umschweife und ohne alles Reden um den heißen Brei, ohne die üblichen Leerformeln: Es herrschte Einigkeit über die unabdingbare Notwendigkeit einer Deregulierung, einer Flexibilisierung, mit einem Wort: einer »Anpassung« der Arbeit an eine von immer weiteren Kreisen befürwortete, ja sogar zu einem Gemeinplatz gewordene Globalisierung, die sich als völlig indifferent gegenüber »sozialen Fragen« erweist. Dies scheint sich nunmehr von selbst zu verstehen. Man »reguliert«, das ist alles, und es erfolgt ganz reibungslos. Man segnet die Routine ab. Die Anpassung beschleunigt sich derzeit vor aller Augen.

Der Anpassungsprozeß hat viel zu bewältigen. Bei demselben Treffen führte der Direktor der Internationalen Arbeitsorganisation (IAO) aus, daß »im Zeitraum von 1979 bis 1994 die Zahl der Arbeitslosen in den G7-Staaten von 13 auf 24 Millionen angestiegen«, das heißt sich in 15 Jahren praktisch verdoppelt hat, »nicht mitgerechnet die 4 Millionen Menschen, die die Suche nach einem Arbeitsplatz aufgegeben haben, sowie die 15 Millionen, die mangels anderer Möglichkeiten Teilzeitarbeit leisten«.

Beschleunigung? Seit neuestem bestätigt sich, was bereits Eingang in manche Analysen gefunden hat, in klaren Worten, ganz im Tonfall eines Diktats, präsentiert freilich in Gestalt einer Alternative, so daß wir scheinbar einen Spielraum für Selbständigkeit und Eigeninitiative haben: Wir haben ja die Wahl. Künftig haben wir die Möglichkeit, uns zu entscheiden, ob wir die Arbeitslosigkeit dem Leben unterhalb des Existenzminimums vorziehen oder aber das Leben unterhalb des Existenzminimums der Arbeitslosigkeit. Welch ein Dilemma! »Und kommen Sie nachher nicht mit Klagen, schließlich war es Ihre eigene Entscheidung.«

Doch seien wir unbesorgt: Wir werden beides bekommen!

Beides geht Hand in Hand.

Der Fall ist klar, es handelt sich um die Wahl zwischen zwei Modellen: dem europäischen und dem angelsächsischen.

Das angelsächsische Modell erzielt seit einiger Zeit Erfolge bei der statistischen Verringerung der Arbeitslosigkeit – dank eines Sozialhilfeniveaus, das fast auf Null gesunken ist, dank eines spektakulären Rekords bei der Flexibilisierung der Arbeit und nicht zuletzt dank der

Tatsache, daß – mit den Worten keines Geringeren als des amerikanischen Arbeitsministers, Robert Reich*, nebenbei bemerkt ein Ökonom von Rang und ein Freund von Visionen – »die Vereinigten Staaten darin fortfahren, eine große Ungleichheit bei den Einkommen zu dulden – die ausgeprägteste aller industrialisierten Staaten –, die in den meisten westeuropäischen Ländern zweifellos nicht hingenommen würde«. Doch dieses »nicht hinnehmbare« Elend, das auf etwas beruht, was verschämt als »große Ungleichheit« zwischen der unbeschreiblichen Armut einer beträchtlichen Zahl von Menschen und dem märchenhaften Reichtum einer kleinen Minderheit ausgegeben wird, gestattet es Robert Reich fortzufahren: »Dagegen hat sich unser Land für eine größere Flexibilität entschieden, die sich in höheren Beschäftigungszahlen niederschlägt.«

Da haben wir es.

Im Klartext: Auch wir sind arm, noch dazu (wenn man so sagen darf) ohne Sozialhilfe, und arbeiten dabei fleißig! Ein Triumph der Grundsätze der OECD und anderer Weltorganisationen. Die noch zusätzlich gestraften Arbeitslosen und die verstärkte soziale Not stellen nicht nur dressierte und nach Belieben manipulierbare Arbeitskräfte im Sonderangebot bereit, sondern lassen auch die Arbeitslosenrate sinken. Dies findet seinen Ausdruck in der Institutionalisierung eines unvorstellbaren Elends in einem mächtigen Land, in dem die Vermögen bislang ungekannte Größenordnungen erreichen – parallel zu einer wachsenden Armut, einem Elend, das sich auf die Arbeiter, die trotz (oder eher wegen) ihrer Löhne unterhalb der Armutsgrenze leben, und auf die extrem verarmten

* Vgl. *Le Monde* vom 7./8. April 1996.

Mittelschichten mit ihren immer bedrohteren Arbeitsplätzen verteilt, die häufig nur armselige Bruchstücke und Überreste von miserabel bezahlten Stellen darstellen. Wie immer ohne irgendeine soziale Absicherung, nicht einmal im Gesundheitswesen.

Doch OECD und Internationaler Währungsfonds halten sich zugute, daß es immerhin gelungen sei, einige Drückeberger von der Straße zu holen. Es bleiben, Gott sei's geklagt, unzählige Müßiggänger, die auf den Bürgersteigen unter ihren Pappkartons den halben Vormittag verschlafen, die in den Schlangen vor den Arbeitsämtern Maulaffen feilhalten oder es sich in den Wohltätigkeitseinrichtungen einmal so richtig gutgehen lassen. Zu deren Gunsten haben die »dynamischen Kräfte« sich häufig genug überwunden, ein karitatives Kaviaressen zu veranstalten, ein guter Brauch zum Wohle derer, die am Hungertuch nagen. Keine Mühen werden gescheut, um ihnen zu helfen.

Als Reaktion auf die überaus weitsichtigen Analysen des Ökonomen Robert Reich* müht sich der gleichnamige Minister, Lösungen zu finden – wenn auch mit weit weniger glücklicher Hand. Er schlägt eine Anhebung der Einkommen vor, doch die Mittel, die ihm zur Erreichung dieses Ziels zur Verfügung stehen, werden mit einem Mal merkwürdig unbestimmt. So träumt er von fortwährender »Ausbildung« (diesmal ein Leben lang: *»life long education«*) und anderen alten Hüten. Doch er gebraucht auch ein Wort, das neu und vielversprechend klingt und eine große Zukunft vor sich hat: »Beschäftigungsfähigkeit«, eine nahe Verwandte der Flexibilität, ja, sogar eine ihrer Spielarten.

* Vgl. *Le Monde* vom 7./8. April 1996.

Für den Arbeitnehmer bedeutet »Beschäftigungsfähigkeit«, zu jeder Veränderung bereit zu sein und allen Launen des Schicksals (in diesem Fall: denen des Arbeitgebers) ergeben zu folgen. Er wird sich darauf einstellen müssen, seinen Arbeitsplatz permanent zu wechseln (»wie die Hemden«, hätte die Amme Beppa gesagt). Doch im Austausch gegen die Gewißheit, von einem Arbeitsplatz zum nächsten zu taumeln, erhält er eine »*vernünftige* Garantie«* (will sagen: überhaupt keine), »anstelle des bisherigen Arbeitsplatzes, den er verloren hat, einen anderen zu finden, der ihn ebensogut ernährt«. All dies trieft von wohlmeinender Gesinnung, doch die Idee, ständig von einem mehr oder weniger geringfügigen Job zum nächsten wechseln zu müssen, ist keineswegs originell; was die »*vernünftigen* Garantien« betrifft, so ahnt man bereits, daß sie bei jeder sich bietenden Gelegenheit geradewegs für »unvernünftig«, mithin für nichtig erklärt werden. Gleichwohl hat man ein Zauberwort gefunden, das die Massen bei Laune halten wird. Merken wir uns: »Beschäftigungsfähigkeit«.

Der Begriff wird erfolgreich die Runde machen. Man kann sich unschwer vorstellen, welchen Grad an beruflicher Qualifikation diese »Beschäftigungsfähigen« haben werden – zumindest, welchen man ihnen zutraut –, welches Maß an Interesse sie für ihre Arbeit werden aufbringen können und welche Fortschritte und Berufserfahrungen ihnen dadurch voraussichtlich ermöglicht werden: die Qualitäten einer auswechselbaren Schachfigur, die für keinen Beruf eine Ausbildung vorweisen kann. Die Rede ist hier nicht vom Gegensatz zwischen einem risikoreichen freien Beruf und einem Leben in sicheren

* Im Gesprächstext hervorgehoben (A. d. Verf.).

Amtsstuben, sondern von der Verschlechterung einer bereits schwachen gesellschaftlichen Position, die ihre Inhaber den Mächtigen noch vollständiger ausliefert. Unablässig erhält die Hoffnung auf eine betriebliche Ausbildung neue Nahrung, ohne daß jemals wirkliche Aussichten bestehen, irgendwelche Kompetenzen zu erwerben. Natürlich kann von einem »Beruf« oder von »Fachwissen« keine Rede sein. Bei jedem neuen Anlauf gilt es, sich neu einzuarbeiten und ein Auge darauf zu haben, Unbekannten nicht zu mißfallen, ohne Aussichten, Freundschaften zu schließen oder eine feste Anstellung, eine rechtlich abgesicherte Position zu erhalten, und seien sie noch so bescheiden. Erst recht nicht die Aussicht auf einen Arbeits*platz*. Ein solches Leben oszilliert endlos zwischen zwei Extremen: dem zwanghaften Bemühen, die eigentlich ungeliebte Stelle – selbst die unattraktivste – nicht allzu schnell wieder zu verlieren, und, wenn dieser Fall doch eintritt, dem Bemühen um eine neue Stelle. Diese Zwänge sind so stark, daß sie trotz Phasen der Arbeitslosigkeit kaum Raum für eine Fortbildung lassen, allerdings bietet diese Lebensform – wiewohl versüßt durch eine »*vernünftige* Garantie« – auch keinerlei Fortbildung und wird auch künftig keine zulassen.

Als Trost bleibt wenigstens der Umstand, daß die Gewerkschaften bei solchen Verhältnissen nichts mehr zu sagen haben. Das ununterbrochene Kommen und Gehen, die kurze Beschäftigungsdauer in einem Unternehmen, bei der einem die Zeit fehlt, einen wirklichen Einblick in die jeweiligen Betriebsabläufe zu gewinnen, in dem man lediglich auf Zeit und zudem noch isoliert arbeitet – all dies wird gewerkschaftliche Aktivitäten schon im Ansatz vereiteln. Betriebsvereinbarungen, Versammlungen, die Einrichtung von Solidarfonds, gemeinsame

Protestaktionen, Betriebsratsarbeit – alles Schnee von gestern!

Die kurzen Vertretungen werden zunehmen, und das Ganze wird sich zu einem regelrechten System ausweiten. Dafür wird man sicherlich einen hochtönenden Euphemismus ersinnen. Vertretungen nennt man im Französischen ja schon heute »une mission«, eine »Mission«. James Bond läßt grüßen!

Doch damit nicht genug: In Großbritannien kommt derzeit eine geniale Erfindung zur Anwendung, die sogenannte »Nullstundenarbeit« *(zero hour working)*. Dabei erhalten die Beschäftigten nur dann Lohn, wenn sie auch arbeiten. Daran ist auf den ersten Blick nichts auszusetzen. Der Haken an der Sache ist jedoch, daß sie nur von Zeit zu Zeit beschäftigt werden und in den Zwischenzeiten bedingungslos zu Hause auf Abruf bereitstehen und jederzeit *ohne Bezahlung verfügbar* sein müssen, bis der Arbeitgeber es für wünschenswert erachtet, sie für eine von ihm festgelegte Zeitdauer zu beschäftigen. Dann müssen sie sich beeilen, um für begrenzte Zeit an ihren Arbeitsplatz zurückzukehren.

Welch ein Traum von einem Leben! Doch was spielt das für eine Rolle? Alles steht dem offen, der sich für nichts zu schade ist. Man kann alles mögliche tun. Wenn schon nicht genug Arbeit für alle vorhanden ist, so bleibt doch noch ein wenig übrig. Um seine Chancen zu wahren, davon auch zu profitieren, darf man freilich nicht nach den Sternen greifen, sondern muß es verstehen, sich mit dem Rang zu bescheiden, der einem bestimmt wird: dem niedrigsten.

Wie hat doch Edmund S. Phelps bemerkt: Man begünstigt in den Vereinigten Staaten die Beschäftigung auf Kosten des Lohnniveaus, während dessen Höhe in Europa zu Lasten der Beschäftigung geht. Es mag sein, daß dies zutrifft. Doch nirgendwo auf der Welt erfolgt etwas auf Kosten des Profits!

Nichts ist auf den florierenden Märkten unmöglich; sie müssen sich nur unbegrenzt weiter ausdehnen können. Man wird uns vorrechnen, in welchem Maß ihre Entwicklung zu Beschäftigung und Allgemeinwohl beiträgt. Unter der Voraussetzung freilich, daß man es nicht für nützlicher erachtet, uns überhaupt nichts vorzurechnen.

11

Bleibt als alternative zum angelsächsischen das europäische Modell mit einer Sozialhilfe, deren zügelloser Prunk schon an Ausschweifung grenzt. Es ist allgemein bekannt, daß der Wohlfahrtsstaat sich fortwährend das kostspielige Vergnügen leistet, Arbeitslose oder Menschen ohne festen Wohnsitz in sündhaftem Luxus auszuhalten.

Den großen Konzernen und Weltorganisationen sind diese unzeitgemäßen Extravaganzen ein Dorn im Auge, sind diese Ausschweifungen doch schuld an Übeln wie gesetzlichem Mindestlohn, bezahltem Urlaub, Kindergeld, Sozialversicherung, Beschäftigungsförderung und verschwenderischen Kulturetats, um nur einige Beispiele dieses ganzen Schlendrians anzuführen. Es sind Gelder, die den Zielen der Marktwirtschaft fehlen, nur um für Menschen verwendet zu werden, die auch mit weniger zufrieden wären. Die Suche nach Arbeit verleiht dem Leben einen Sinn, und Mißerfolge bei dieser Suche geben ihm die nötige Würze. Schade um all die derart sinnlos vergeudeten, möglichen »Wertschöpfungen«, von denen doch offenkundig alle profitiert hätten, und sei es nur aufgrund der Massen von Arbeitsplätzen, die sie unfehlbar im Gefolge gehabt hätten. Es ist ein Jammer, daß man derart überholte Gebräuche nicht schneller ausmerzen kann.

Dies ist überraschend und beruht in Frankreich auf dem unaufdringlichen Widerstand einer schweigsamen und kaum organisierten, doch in hohem Maße sensibilisierten öffentlichen Meinung, die von einem Moment zum andern hellhörig werden kann und in vielerlei Hinsicht noch wenig Sympathien für das »Einheitsdenken« aufbringt, wenn sie ihm nicht sogar ablehnend gegenübersteht.

Eine soziale Kultur und fest verankerte soziale Errungenschaften lassen uns weiterhin in einer Ordnung leben, welche trotz aller Ermüdungserscheinungen immer noch auf einer humanen Grundhaltung beruht, die noch immer ein wesentliches Referenzsystem darstellt. Auch wenn die Globalisierung ihren Tribut fordert und auch wenn wir mehr oder weniger spürbar diese an Rechten orientierte Ordnung verlassen, so bleibt sie für uns doch immer noch in Kraft.

Kann man diesen Kampf mit dem vergleichen, den die leidenschaftliche Ziege von Monsieur Seguin um ihr Leben führt?* Zwar geht es auch in unserer heutigen Situation auf der einen Seite darum, nicht umzukommen, und auf der anderen darum, einen unersättlichen Appetit zu befriedigen, doch geht es weniger um einen Kampf als um eine bestimmte Vorherrschaft und eine Erinnerung, die sich verhärten.

Die Einsätze sind auf beiden Seiten beträchtlich. Die Märkte wissen, wie sie ihren Einsatz berechnen. Sie haben die Mittel, ihn zu verteidigen, ja, mehr noch – denn darüber sind sie bereits hinaus –, sie haben die Mittel, sich ihren erstaunlichen Vorsprung nicht nehmen zu

* Anspielung auf die Erzählung von Alphonse Daudet, *La chèvre de M. Seguin*, in der eine junge Ziege aus der Gefangenschaft (in der sie friedlich und sicher leben kann) in die Freiheit ausbricht. Sie weiß, daß ihr am Ende der Kampf mit dem Wolf bevorsteht, der sie besiegen und fressen wird (A. d. Ü.).

lassen. Mit ihren Koalitionen bilden sie eine vereinigte Streitmacht, mächtiger, als je ein Bündnis gewesen ist. Hinter dem stets ins Feld geführten Vorwand der Konkurrenz und des Wettbewerbs verbirgt sich im Gegenteil vollkommenes Einvernehmen, unvorstellbarer Zusammenhalt und eine ungetrübte Idylle.

Natürlich gibt jedes Wirtschaftsunternehmen und auch jedes Land vor, den Begehrlichkeiten der feindlichen Artgenossen Paroli zu bieten, und erweckt den Eindruck, von deren Verhaltensweisen abzuhängen und von ihnen auf der Flucht nach vorne mitgerissen zu werden. Immer wieder hört man, es seien die anderen, alle anderen, die uns die Konkurrenz aufnötigten, den Wettbewerb anheizten und uns zwängen, ihnen auf dem Weg der allgemeinen Deregulierung zu folgen, den sie einschlagen. Gemeint sind flexible Löhne (das heißt: Hungerlöhne), willkürliche Entlassungen und eine Reihe von Freiheiten, derer sie sich erfreuen, so daß jeder, der hier nicht mithält, dem Rivalen direkt in die Hände spielt und die Schuld an dem Debakel trägt, in das auch die Arbeitsplätze hineingezogen werden – was es um jeden Preis zu verhindern gilt, schon der Gedanke daran läßt einem den Atem stocken. So erklärt sich die zwingende Notwendigkeit, zum Schutz der Arbeitsplätze nach Belieben (das heißt: massenhaft) zu entlassen, die Löhne »flexibel« zu gestalten (das versteht sich von selbst), die Produktion zu verlagern usw., kurz: sich so zu verhalten wie alle und der allgemeinen Tendenz zu folgen.

Es ist schon zur stehenden Rede geworden: »Tut uns furchtbar leid, aber was können wir denn tun? Die anderen stehen schon bereit. Die Konkurrenz, die ganze verrückt gewordene Welt da draußen läßt uns keine andere

Wahl, wenn wir nicht untergehen wollen und mit uns die Arbeitsplätze!« Man kann das auch anders verstehen: »Dank unserer vereinten Bemühungen läuft alles auf das hinaus, was wir selbst für zweckdienlich, angemessen und gewinnbringend halten und was uns zusammenschweißt. Diese Welt der Konkurrenz ist unsere eigene – sie ist von uns heraufbeschworen, kontrolliert und gelenkt. Sie setzt alles durch, was wir verlangen. Sie ist unvermeidlich und ist eins mit uns, und wir wollen alles, können alles und nehmen uns alles, wobei wir alle am gleichen Strang ziehen.«

Wir haben hier eine Neuauflage des »einer für alle, alle für einen« vor uns, dem das weltweite »nichts für alle, alle für nichts« entspricht.

Immer wird das gleiche erpresserische Druckmittel angewandt: der Mythos von den Arbeitsplätzen, deren Zahl in jedem Fall zurückgeht; ein Rückgang, den die vorgeblichen Kämpfer für die Arbeitsplätze mit nicht nachlassendem Eifer betreiben.

Statt der vermeintlichen Kämpfe wird nur ein Spiel gespielt; es braucht zwar mehrere Teilnehmer, doch haben alle an der Verschwörung Beteiligten ein und dasselbe Ziel und hängen ein und derselben verschleierten Ideologie an. Alle Beteiligten spielen im selben, höchst exklusiven Club. Bei diesem Spiel kann man verlieren oder gewinnen, Cliquen oder Hierarchien bilden und neue, für manche Teilnehmer nachteilige Spielregeln aufstellen. Man kann schummeln, sich Fallen stellen oder einander beistehen, sich im Extremfall bis aufs Messer bekämpfen, man bleibt jedoch immer unter sich und in völligem Einvernehmen über die unbestreitbar notwendige Existenz des Clubs, die verschwindend kleine Zahl neuer Mitglieder und deren Vorrangstellung – und über die Bedeutungslosigkeit derer, die dem Club nicht angehören.

Was ist mit Konkurrenz, was mit Wettbewerb? Sie finden nur innerhalb des Clubs statt und erfolgen mit Zustimmung all seiner Mitglieder. Man steckt unter einer Decke. Konkurrenz und Wettbewerb sind Elemente des Spiels, das sie bestimmen und das Außenstehende nichts angeht. Sie erzeugen keine Rivalitäten zwischen den Menschen außerhalb. Im Gegenteil: Letzteren ist vielmehr gemeinsam, daß sie dem Club *nicht* angehören, auch wenn die Clubmitglieder in einer plötzlichen Anwandlung von Leutseligkeit behaupten, sie für Verbündete, beinahe für Teilhaber zu halten, ja sogar für Komplizen, die mit dem einen oder anderen angeblichen Kämpfer der Scheinkämpfe viel zu verlieren oder zu gewinnen hätten. In Wirklichkeit wird die Partie ohne die Bevölkerung gespielt, um nicht zu sagen: *gegen* sie. Ein höchst zivilisiertes Spiel, das so organisiert ist, daß die vermeintlichen Widersacher jedesmal alle gemeinsam den gesamten Einsatz gewinnen.

Konkurrenz und Wettbewerb halten die Unternehmen und Märkte weit weniger in Atem, als immer behauptet wird, vor allem nicht so, *wie* dies immer behauptet wird. Die weltweiten, multinationalen Zusammenschlüsse sind viel zu stark miteinander verzahnt und verknüpft, als daß Konkurrenz und Wettbewerb ihnen echte Sorgen bereiten könnten. Vielmehr handelt es sich dabei um Alibis, die ein der gesamten Privatwirtschaft gemeinsames Interesse bemänteln, ein Interesse, das gerade in den genannten Vorteilen, Privilegien, Forderungen und herausgenommenen Freiheiten besteht, zu denen sie sich angeblich durch gnadenlose und bedrohliche Rivalitäten gezwungen sieht. Dabei handelt es sich in erster

Linie um Koalitionen im Rahmen ein und desselben Spielplans, um einen gemeinsamen und wahrlich meisterhaft umgesetzten Willen.

Rivalitäten spielen zweifellos eine bedeutende Rolle in der Marktwirtschaft, aber nicht überall und nicht so sehr, wie man uns weismachen möchte. Was sie als Ergebnis von Rivalitäten präsentiert, rührt, ganz im Gegenteil, von einem gemeinschaftlichen Willen her. Indem die Marktwirtschaft sozusagen nur aus einem einzigen Konzern besteht, ist sie nur noch auf das ausgerichtet, was ihr förderlich ist: die Ausgrenzung jener Arbeitswelt, die sie nicht mehr braucht.

So erklärt sich die Ungeduld gegenüber den unangebrachten »Großzügigkeiten« des sozialen Schutzes und anderer Formen der Verschwendung, die sie unter Beschuß nimmt. Ein Dauerfeuer von Protesten, die so nachdrücklich, aggressiv und selbstgewiß vorgetragen werden, daß man ihnen schließlich beipflichten müßte, riefe man sich nicht ins Gedächtnis, daß sie völlig übergehen, was hinter den Statistiken steht: die Verbreitung und Härte der Not, die Verelendung des Lebens, das man auch des letzten Hoffnungsschimmers beraubt hat. Diese Proteste vernachlässigen oder verschweigen auch den Umstand, daß die besagten »Hilfen« und die verächtlich gemachten »Fürsorgemaßnahmen« (hingestellt als eine Reihe von Segnungen, die einigen wenigen schamlosen Schmarotzern vorbehalten sind, die sich in diesen Goldgruben suhlen) unterhalb der für ein normales Auskommen notwendigen Summe liegen und die »Begünstigten« weit unterhalb der Armutsgrenze halten. Genauso verhält es sich übrigens mit vielen Renten, Ausbildungsvergütungen, staatlich subventionierten Arbeitsverhältnissen und anderen Täuschungsmanövern, die der »Verschlankung«

dienen sollen – in diesem Fall freilich der Verschlankung der unbequemen Arbeitslosenstatistiken.*

Die Arbeitslosigkeit wütet heutzutage auf allen Ebenen aller sozialen Klassen und zieht großes Elend, Unsicherheit und Schamgefühle nach sich. Das ist im wesentlichen den Irrtümern einer Gesellschaft zuzuschreiben, die die Arbeitslosigkeit immer als Ausnahme von der allgemeinen, auf ewig festgesetzten Regel ansieht. Eine Gesellschaft, die auf einem Weg fortschreiten will, den es nicht mehr gibt, anstatt nach anderen Lösungen Ausschau zu halten.

Welch ein Schicksal, dabei eine Ziffer in den Statistiken zu sein und sich mit den unzähligen Komplikationen, Schikanen und Kränkungen herumzuschlagen, die die Arbeitslosigkeit im Gefolge hat! In zahlreichen Fällen heißt das, von 2400 Francs (etwa 700 DM) im Monat oder von noch weniger leben zu müssen – oder aber von überhaupt nichts, wenn der Anspruch auf Un-

* In den meisten Fällen erlaubt die Höhe der Arbeitslosenunterstützung lediglich eine Existenz unterhalb (oft sogar weit unterhalb) der Armutsgrenze. Sie verringert sich alle vier Monate um 15 bis 25 Prozent. Im Jahre 1992 wurde die Dauer der Unterstützung verkürzt. Die Zahlungen zur Beschäftigungsförderung betragen märchenhafte 2300 Francs im Monat (etwa 680 DM)! Ganz zu schweigen von der beträchtlichen Zahl von Menschen, die sich gar nicht haben registrieren lassen, und bestimmten Renten wie etwa denen der Witwen, die von 2000 Francs (das entspricht 580 DM) im Monat »leben«. Und ganz zu schweigen von den Altenpflegeheimen, die im Grunde nichts anderes als Mülltonnen sind. Sie strafen eine »Zivilisation« Lügen, die an diesen Orten arme alte Menschen grausam dafür bestraft, daß sie ihr Leben bereits gelebt haben und immer noch lästig fallen.

terstützung endgültig erlischt. Welch vergebliche und endlose Mühe sich diese Menschen geben, für sich eine »Stellung« zu finden, wie man früher zu sagen pflegte, und welch täglich neue Freude, behördlich anerkannt keinen Wert zu besitzen, jemand zu sein, für den *kein Platz* ist.*

Diese Art des Unglücks ist so schnell beschrieben, so schnell gedacht – aber so lange, so quälend langsam durchzustehen.

Begreifen wir überhaupt, daß hier nicht mehr einzelne Gruppen der Bevölkerung tyrannisiert werden, daß es sich nicht um bloße Wechselfälle des politischen Alltags handelt, sondern um ein sich etablierendes, wenn nicht bereits etabliertes System, das uns verdrängt?

Der breiten Masse bleibt nur eine letzte und herausragende Rolle übrig: diejenige eines Konsumenten. *Sie* kommt jedem zu, denn ißt nicht beispielsweise auch der letzte sozial Benachteiligte gelegentlich Nudeln einer berühmten Marke, deren Name klangvoller ist als der eigene? Nudeln mit Börsenkurs? Sind wir denn nicht alle potentielle und scheinbar eifrig umworbene Protagonisten jenes »Wachstums«, das angeblich die Antworten auf all unsere Sorgen parat hält?

So bleibt uns zuletzt nur der Konsum, durch den wir noch einen Nutzen für die Gesellschaft haben. Wir sind gerade noch gut genug für die Rolle des Verbrauchers,

* Ist eigentlich allgemein bekannt, daß es Arbeitslosen – in der Sorge, sie könnten von der Jagd auf einen Arbeitsplatz abgelenkt werden – unter der Androhung, alle Zahlungen einzustellen, verboten ist, auch nur der geringsten ehrenamtlichen Tätigkeit nachzugehen und auf diesem Wege ihrem Leben einen Sinn zu geben, eine Beschäftigung zu haben und das berechtigte Gefühl, zu etwas nütze zu sein?

ohne den es kein »Wachstum« gibt, das über alle Maßen in den Himmel gelobt, ersehnt und als Ende aller Übel angepriesen wird, das wir voller Ungeduld erwarten. Wie tröstlich das für uns ist! Allerdings muß man auch die nötigen Mittel haben, um dieser würdevollen Rolle gerecht zu werden. Doch hier finden wir noch größeren Trost: Was tut man nicht alles, um uns diese Mittel zu geben oder diejenigen zu bewahren, die wir besitzen! »Der Kunde ist König« – wer wagte, gegen dieses geheiligte Prinzip zu verstoßen?

Doch warum dann diese methodisch betriebene, organisierte Pauperisierung, die man als vernünftig, ja sogar als unabdingbar und vielversprechend bezeichnet und die immer stärker wird? Warum dieser geradezu blindwütige Kahlschlag – er bemißt sich nach Zigtausenden – in den Reihen der potentiellen Konsumenten, den vermeintlichen Hennen, die goldene Eier für die »dynamischen Kräfte der Nation« legen, für die Meister im Spiel der »Wertschöpfung«, die selbst Schöpferin von so viel Armut ist? Ist die Marktwirtschaft versessen darauf, den Ast abzusägen, auf dem sie angeblich sitzt? Schaufelt sie sich nicht ihr eigenes Grab mit all den »Sozialplänen«, »Umstrukturierungen«, mit Flexibilisierung von Löhnen, aggressiver Preispolitik und anderen aberwitzigen Projekten, die darauf abzielen, alle Vorkehrungen abzuschaffen, die den Ärmsten der Armen noch die kleinste Möglichkeit erhalten, Konsumenten zu sein? Tut die Marktwirtschaft das aus Masochismus?

Doch sehen wir, was das Wachstum für Stephen Roach, den »Produktivitätsapostel« der Vereinigten Staaten, bedeutet*, dessen Begeisterung für das *downsizing* (ein

* Vgl. *Le Monde* vom 29. Mai 1996.

amerikanischer Ausdruck, der kaum taktvoller ist als unser »Verschlanken«) neuerdings abgekühlt ist. Dies hindert ihn weder daran, Europa zu beschwören, endlich die Merowingerzeit zu überwinden, in der es verharre, noch daran, sich zu entrüsten: Europa »hat noch nicht einmal damit begonnen, jene Strategien ins Auge zu fassen, die wir uns in den USA zu eigen gemacht haben« – jene nämlich, die er heute selbst ablehnt!

Die Rede ist von Strategien, die er dem rückständigen Europa nachdrücklich empfiehlt, indem er ihm verlokkende Perspektiven verheißt. »Im gleichen Maße, wie der Fortschritt vorankommt« (den er als »Deregulierungen, Globalisierung und Privatisierungen« definiert), »wird es, sosehr man dies auch bedauern mag, unvermeidlich zu Entlassungen kommen«! Seinem eigenen Land rät er zwar heute, sich notgedrungen mit Einstellungen abzufinden, Europa dagegen darf sich keinesfalls mit solchen Details aufhalten: Unsere zurückgebliebenen Staaten dürfen sich um keinen Preis »hinter den in Amerika gemachten Erfahrungen verstecken oder [dessen] neue Analyse der Situation zum Vorwand nehmen, um sich gegen die Notwendigkeit von Restrukturierungsmaßnahmen zu wehren; [dies] hieße, auf Wettbewerbsfähigkeit zu verzichten.« Also so etwas!

So spricht ein erfahrener Mann in einem Land, das die anderen Nationen anführt. Wir wären schön dumm, wenn wir aus seinen Lehren keinen Nutzen zögen und nicht aufhörten, auf der Stelle zu treten, um ganz wie er und mit denselben Methoden ein Stadium zu erreichen, mit dem er sich blamiert hat. Welchem Umstand schreibt er es übrigens zu, daß er selbst sich auf einem Holzweg befunden hat – jenem, den er uns rät einzuschlagen? Zunächst einmal hat er sich *nicht* auf einem »Holzweg«

befunden, nun ja, jedenfalls nicht wirklich: Die anderen waren es, die seine Vorschriften nicht genauestens befolgt haben. Außerdem konnte er seinen löblichen Neigungen nicht widerstehen: In seinem »Szenario wirtschaftlichen Aufschwungs durch Produktivität« war er, wie er uns mitteilt, von »Rahmenbedingungen mit schwacher Inflation und nachhaltigem Anstieg der Gewinne ausgegangen, also ausgesprochen günstigen Bedingungen für den Aktien- und Wertpapiermarkt, selbst bei sehr geringem Wirtschaftswachstum«. Sollte das Wachstum bei ihm kein Ansehen mehr genießen? Leider! Und heißt es bei Roach nicht weiter: »Zugleich sah ich eine starke Tendenz zum *downsizing* und zum Drücken der Lohnkosten, was ein sehr günstiges wirtschaftliches Klima förderte«? Nein! Dem Wachstum gilt sicherlich nicht die Hauptsorge dieses »Produktivitätsapostels«, genausowenig wie die glücklicherweise »gedrückte« Kaufkraft. Deren Vernichtung oder zumindest deren Schwächung bildet vielmehr die Bedingung eines »wirtschaftlichen Klimas«, das er als »sehr günstig« beurteilt. Man wüßte nur zu gerne, wie die Helden dieser Erfolgsstory, die Arbeitskräfte und die Opfer des *downsizing*, darüber denken!

Unser »Apostel« verrät uns damit einen ganz anderen Aspekt dieses vielgerühmten Wachstums, der verdeutlicht, welche Begeisterung die wirkliche Wirtschaft dem Wachstum entgegenbringt. Eine Begeisterung, die von den Regierungen geteilt wird, die mit großer Entschlossenheit radikale Einschnitte vornehmen (die wieder Zehntausende betreffen). Betroffen sind diesmal die Verbraucher, etwa die Beamten, die zwar nicht vom privaten Sektor abhängen, doch kaum weniger nach den Rentabilitätskriterien des Marktes beurteilt werden sollen. Gefragt sind nicht Notwendigkeit oder Sachverstand, sondern »Rentabilität«. Welche erlauchte Instanz entscheidet eigentlich darüber, was als rentabel zu gelten hat? Wen kümmert da schon, daß die Beamten – ungeachtet der so genüßlich wiedergekäuten Klischees, die sie als gutsituierte Nichtstuer, unbekümmerte Abzocker und unersättliche Blutsauger hinstellen – für das Bildungs- und das Gesundheitswesen, für den öffentlichen Dienst und nicht zuletzt als Verbraucher unersetzlich sind? Der Personalmangel in den Krankenhäusern, an den Gymnasien, den weiterführenden Schulen, bei den öffentlichen Verkehrsbetrieben usw. ist eine unbestrittene Tatsache, doch aus Sparsamkeit (was soll statt dessen erreicht werden?) fallen sie radikalen »Verschlankungen« zum Opfer. Nicht die Automatisierung, die es gestattet, bei gleichen Ergebnissen Arbeitskräfte einzusparen, ist in diesem Fall für die Entlassungen verantwortlich, sondern einzig und allein die allgemeine Geringschätzung.

Mitverantwortlich ist auch der (äußerst bemerkenswerte) Umstand, daß es gelungen ist, diese Geringschätzung auch von einer Öffentlichkeit teilen zu lassen, auf die sie sich in erster Linie auswirkt und die ihre Folgen zu tragen hat.

Es liegt hier ein schreiender Widerspruch vor zwischen der quer durch alle Bevölkerungsschichten erzeugten (wirtschaftlichen) Unsicherheit und dem ständig verkündeten Gerede von einem angeblich sehnlichst erwarteten Wachstum, das wie ein Allheilmittel angepriesen wird. Steht denn fest, daß das eigentliche Ziel wirklich dieses Wachstum ist, das von den Übeln kurieren soll, und nicht etwa ein Wachstum der Finanzspekulationen und der mehr oder weniger virtuellen Märkte – des »elektronischen Kapitalismus« –, die weitestgehend von jenem fraglichen Wachstum unabhängig sind?

Doch was hat es vor diesem Hintergrund mit der Werbung auf sich, die so wesentlich zu sein scheint und, indem sie scheinbar alles umfaßt, uns in einer nicht mehr aus Dingen, sondern aus Markenzeichen bestehenden Welt leben läßt? Während die Menschen ihre Namen oft durch Abkürzungen ersetzt sehen, tragen hier die Dinge Eigennamen, so daß sie beinahe eine Bevölkerung von Markenzeichen bilden, die die Menschen in ihren Bann ziehen, von ihnen Besitz ergreifen und ihre Wünsche allein auf sich ausrichten, und zwar so sehr, daß den Namen der »Marken« im Zweifelsfall gar kein Produkt mehr entsprechen muß.

Mit Hilfe von raffinierteren Verführungskünsten, als sie je eine Kurtisane oder ein Proselytenmacher angewendet haben, mittels Beschwörungen und libidinös besetzten Anspielungen sind es die Markenzeichen, mit denen man uns schwach werden läßt. Unsere unterschwelligsten Wunschbilder und Reaktionen werden vor aller Augen seziert. Ganz gleich, ob wir zur Rechten oder zur Linken gehören – man weiß, wie man uns allen auf ein und dieselbe Weise dieselbe Raviolimarke andrehen kann. Es könnte auch Parfüm sein oder Käse oder … Arbeitslosigkeit. Ob wir kaufen wollen oder nicht – man weiß, daß wir kaufen und ebenso, was wir kaufen werden.

Vielleicht liegt der wahre Nutzen der Werbung mehr und mehr in ebendiesen Funktionen: in der wirkungsvollen Zerstreuung, die sie hervorruft, in dem kulturellen Umfeld, das sie befriedigt und nahe dem Nullpunkt hält. Vor allem aber liegt ihr Nutzen in der Lenkung von Sehnsüchten und Wünschen, in jener Wissenschaft der Sehnsüchte, die es ermöglicht, sie zu manipulieren – die Menschen zunächst aber davon zu überzeugen, daß diese Sehnsüchte überhaupt vorhanden sind, dann, daß sie nur dort vorhanden sind, wo es ratsam ist – keinesfalls irgendwo anders.

Vielleicht gewinnt die Werbung eine stärker politische als ökonomische Bedeutung, eine stärker katechetische als absatzfördernde. Vielleicht dient sie vor allem dazu, ernsthaft mit Mallarmé und seinem Maschinengewehr Schluß zu machen? Vielleicht hat die Rolle des eingelullten Verbrauchers – selbst ohne das Wissen derer, die sie spielen – nur noch eine verschwindend geringe Bedeutung, vielleicht kommt es gar nicht mehr wirklich auf sie an? Vielleicht läßt man uns ja in diesem Glauben – wenn auch scheinbar aus Höflichkeit, aus Umsicht und nicht ohne eine gewisse Geduld: Man weiß ja nie. Diese Kinder können derart unerträglich sein – wie soll man im voraus wissen, welchen Unfug sie als nächstes aushecken?

Auch Stephen Roach ist sich dessen voll bewußt. Wenn er sich auch über die Tatsache freut, daß »in einer Welt, in der der Wettbewerb sich mehr und mehr verschärft, der Arbeitgeber immer am längeren Hebel« sitzt, so seufzt er auch: »Doch auf der Bühne der öffentlichen Meinung gelten andere Spielregeln: Unternehmer und Aktionäre sehen sich beispiellosen Angriffen ausgesetzt.« Es stellt sich die Frage, ob er sich nicht doch ein wenig über die Relevanz und die möglichen Konsequenzen dieser Angriffe täuscht. Vor allem aber stellt man mit Interesse fest, daß auch kleinster Widerstand Wirkung zeigt, da Roach sich zu dem folgenden Schluß genötigt sieht: »In Wahrheit kann man die Arbeitskräfte nicht ewig ausquetschen wie eine Zitrone.« Man hört ihn beinahe schluchzen.

Unterdessen herrscht Ausverkaufsstimmung. Überall werden die Belegschaften drastisch abgebaut, nicht ohne die Ankündigung, das Versprechen – immer höflich bleiben! –, daß es ja bald wieder Arbeit geben werde. Man zwingt zum sozialen Abstieg und appelliert doch an die Zuversicht. Man zerschlägt Institutionen und untergräbt soziale Errungenschaften, doch jedesmal natürlich nur, um sie zu retten und ihnen eine letzte Chance zu geben: »Es ist ja nur zu deinem Besten, mein Kind!«

Es geschieht immer unter dem Vorwand drohender Katastrophen, über uns schwebender Damoklesschwerter. Man hält uns mit diesen Scheinargumenten hin, ohne uns groß mit Einzelheiten zu belasten; von »Defiziten« und »Löchern« hört man da, die es dringend zu stopfen gelte – gelenkte Panik, doch auf welches Ziel hin? Was hat es mit diesen Verhängnissen auf sich, die angeblich im nächsten Augenblick über uns hereinzubrechen und uns zu verschlingen drohen – vorausgesetzt, wir lassen uns nicht zuvor von jenen verschlingen, die dafür die Werbetrommel rühren? Welche näheren Erläuterungen erhalten wir? Nehmen wir zum Beispiel das »Defizit«: Was ist das nur für ein Ungeheuer, was ist das nur für ein Desaster, daß es noch schlimmer sein soll als das Unglück, das die Maßnahmen anrichten, mit denen man ihm beikommen will? Gibt es denn keine Alternative, die man zumindest ins Auge fassen könnte, auf die Gefahr hin, den gewählten Kurs dann beizubehalten? Was sind die Ziele? Das Gedeihen der Märkte oder aber das Wohlergehen, vielleicht auch nur das Überleben der Menschen?

Außerdem ist das angeblich fehlende Geld ja vorhanden. Es ist zwar recht sonderbar verteilt, es ist aber vorhanden. Es wäre nicht »korrekt«, auf diesem Punkt zu beharren, lassen wir es daher hier bei dieser einfachen Bemerkung bewenden – es sei nur flüchtig am Rande erwähnt …

Gilt es nicht vor allem das Grundprinzip zu beachten, nämlich die Öffentlichkeit nicht aufzuschrecken? Ihren Frieden nicht zu stören, bei dem man sich fragt, mit welchen Mitteln er erreicht wurde? »Die Macht ist die Königin der Welt und nicht die Meinung – aber die Meinung ist es, die sich der Macht bedient. Es ist die Macht, die die Meinung bildet.«* Wir erkennen Pascal wieder. Aber es ist ganz offensichtlich: Er hat niemals zu den »dynamischen Kräften« gehört.

Worauf zielt dieses zugleich undefinierbare und methodische Chaos, diese wirtschaftliche Anarchie, worauf zielt dieses »Dogma des *laissez-faire*«** ab, das uns unausweichlich unseren Lebenskreisen, ja dem Leben selbst entreißt?

Sieht denn niemand, daß auf der Bühne, die man uns zeigt und auf der wir uns bewegen, nichts geschieht und nichts entschieden wird, während alles eifrig bemüht ist, einen gegenteiligen Eindruck zu erwecken?

Ist es uns noch möglich, unter anderen Optionen zu wählen als jenen, die mit Begleiterscheinungen von Entscheidungen einhergehen, welche innerhalb eines bereits weltweit eingesetzten Einheitssystems längst gefällt worden sind, dessen Herrschaft uns aber erst allmählich (und auch nur partiell) zu Bewußtsein kommt? Wäre es denkbar, etwas vorzuschlagen – nur vorzuschlagen –, was den Anschein erweckte, den Interessen der Märkte auch nur

* Blaise Pascal, *Über die Religion und über einige andere Gegenstände*, übertragen von E. Wasmuth, Heidelberg, 8. Aufl. 1978, Fragment 2303.

** Karl Polanyi, *The Great Transformation. Politische und ökonomische Ursprünge von Gesellschaften und Wirtschaftssystemen*, Frankfurt/M. 1978. Die amerikanische Erstausgabe erschien 1944.

im geringsten zuwiderzulaufen (oder sich nur nicht schnell genug auf ihrer Marschroute zu bewegen), ohne sogleich mit Einwänden überschüttet zu werden – wenn solche Vorschläge überhaupt formuliert werden dürfen: »Gütiger Himmel! Wenn ihnen so etwas nur zu Ohren kommt, werden sie fliehen, abwandern, Reißaus nehmen, abhauen, sich aus dem Staub machen, die Kurve kratzen, das Hasenpanier ergreifen, die Beine unter die Arme nehmen, sie werden das Weite suchen!« Die Rede ist selbstverständlich von den Vertretern unserer heißgeliebten »dynamischen Kräfte«, die so überaus flatterhaft und wendig sind, stets auf dem Sprung, sich mit ihren Unternehmen und dem harten Kern ihrer Belegschaft – den bedrohten oder besser: bedrohlichen Resten (denkt man an die Drohungen und Erpressungen, die in Wirklichkeit mit Arbeitsverhältnissen verbunden sind) – zu jenen fernen Gestaden aufzubrechen, wo sie weise Völker jederzeit mit offenen Armen empfangen, folgsame Bevölkerungen, »angepaßte« Nationen.

Es gibt kein Land, das sich nicht im klaren darüber wäre, daß die »dynamischen Kräfte« dazu fähig sind, jeder Nation den Rücken zu kehren (insbesondere ihrer eigenen), um sich eine gefügigere Heimat zu wählen. Kein Land, das sich nicht liebend gerne auf ihre Liste guter Adressen setzen ließe und sich nicht zu einer Außenstelle eines Systems verwandelt hätte, das die ganze Erde umspannt.

Überall gelten also dieselben Spielregeln. Es gibt keinen Fleck auf dieser Erde, an dem man nicht mitspielte. Wo man geht und steht (und in diesem ausschweifenden Europa, das man mit immer härter werdender Hand wieder zur Vernunft bringt, in zunehmendem Maße) kann man Reden hören, die die Kürzung der öffentlichen Ausgaben ankündigen (wenn man die Ausgaben schon nicht ganz streichen kann), die Aufstellung massiver »Sozialpläne« und die gesteigerte Flexibilität der Arbeit. Doch überall in diesen Reden finden sich auch dieselben Leitmotive, die die Akzente setzen: daß diese sich weltweit verbreitende Struktur, durch die ein autoritäres Wirtschaftssystem langfristig etabliert werden soll, welches den Bewohnern dieses Planeten gleichgültig gegenübersteht – der natürliche Feind ihres nutzlosen, beinahe schmarotzerischen, weil unrentablen Daseins –, daß diese ersichtlich verhängnisvollen Maßnahmen selbstverständlich keinem anderen Ziel dienen, als »die Arbeitslosigkeit zu bekämpfen« und »sich für Arbeitsplätze einzusetzen«.

Diese Leitmotive werden immer leichter, immer gedankenloser geäußert, denn niemand wird dabei betrogen. Vielmehr scheinen alle auf seltsame Weise zu Komplizen geworden zu sein: sowohl jene, die gütigerweise gegenüber der Bevölkerung noch auf solch höfliche Umschreibungen zurückgreifen, die zwar nicht mehr gefragt wird, aber solche Versprechungen von ihnen einfordert, die sich ihre Lügen geduldig anhört und am Ende nach nichts anderem verlangt, als ausgebeutet zu werden – als auch jene, die wie Kinder immer dieselbe Geschichte hören wollen, an die sie zwar nicht glauben, es aber zu tun vorgeben, weil sie sich vor der Stille und vor dem fürchten, was unausgesprochen bleibt, das sie erahnen und lieber nicht so genau wissen wollen.

Sie verschließen Augen und Ohren fest vor der Erkenntnis, daß allerorten eifrig Pläne geschmiedet werden, die sie überflüssig machen, daß sich die Schlinge um ihren Hals zuzieht, und schließlich davor, daß sie in einer Welt, in der es nur noch auf Wirtschaftlichkeit ankommt, bald zu den vermeidbaren Kosten gerechnet werden.

Sie sollen nach allen Regeln der Kunst vertrieben werden, und zwar schonungslos. Und wenn es sich dabei um Menschenjagd handelte? Die herrschende Moral verlangt vor allem – eine Frage der Ethik – nach makellosen Bilanzen.

12

AUF UNS LASTET eine heimliche Bedrohung, wir werden in sozialen Räumen, völlig anachronistischen Orten gefangengehalten, die sich selbst zerstören, in denen wir aber hartnäckig weiter leben wollen, während die künftige Entwicklung, die auf unserer mehr oder minder wissentlich geplanten Abwesenheit basiert, sich vor unseren Augen abzeichnet.

Wir tun alles Erdenkliche, um das zu ignorieren. Wir tun alles andere lieber, als diese immer systematischer sich vollziehende Abschiebung zu bemerken, diese Zurückweisung innerhalb eines sich auflösenden Systems, während gleichzeitig ein Zeitalter beginnt, das mit uns nicht synchron läuft. Wir tun alles andere lieber, als den Bruch zu bemerken zwischen einer Marktwirtschaft, die zur ausschließlichen Beherrscherin unserer Welt geworden ist, und den Bewohnern, den Gefangenen dieser Welt. Wir tun alles andere lieber, als diesen Bruch für real zu halten – um so mehr, als die Führer und Strategen des bereits herrschenden neuen Regimes (das niemand proklamiert hat) mit Hilfe der politischen Klasse einige Reden an uns richten, die noch ganz unseren Denkmustern entsprechen und deren Geschwafel uns in den Schlaf wiegt und uns beruhigt.

Wenn die Herren dieser Wirtschaft nun weiter ruinieren, was bereits in Trümmern liegt, die Ruinen einer vergangenen Ära ausbeuten und in einer neuen Zeit das Leben aus ihrem Mikrokosmos heraus steuern, zu dem ihre

Zeitgenossen keinen Zugang haben, wenn sie nun vor allem daran festhalten, die Arbeit, die sie vernichten (nicht ohne dafür zu sorgen, daß sie ihren Wert scheinbar behält), als den einzigen Schlüssel zum Leben hinzustellen, dann, ja dann werden sie am Ende sicherlich auch eine Antwort auf die noch nicht ausgesprochene Frage nach ihren Mitmenschen (»Wie werden wir sie los?«) finden. Hierbei handelt es sich jedoch um eine Entwicklung, die ihnen sicherlich selbst ebensowenig bewußt ist wie die Gefahr, die sie auf uns lasten lassen, ohne dabei auf Widerstand zu stoßen. Sie stoßen auf Passivität, und damit hätte man eigentlich am wenigsten rechnen können. Dieses Desinteresse, diese Resignation, diese globalisierte Apathie könnte das Schlimmste ermöglichen. Es steht bereits vor unserer Tür.

Natürlich hat es schon Zeiten bitterster Not und schlimmsten Elends gegeben, Zeiten unermeßlicher Grausamkeiten und unendlich großen Schreckens; aber noch nie waren sie auf so kalte und fundamentale Weise bedrohlich.

Auch soziale Härte hat es immer gegeben, aber sie stieß immer auf Grenzen, weil die von den Menschen geleistete Arbeit für diejenigen, die über die Macht verfügten, unentbehrlich war. Das ist sie heute nicht mehr, im Gegenteil, sie ist lästig geworden. Und so brechen die Grenzen zusammen. Verstehen wir, was das bedeutet? Nie zuvor war das Überleben der gesamten Menschheit derart bedroht.

Wie schrecklich auch die Geschichte der Barbarei im Laufe der Jahrhunderte gewesen ist, bislang gab es für die Menschheit immer eine sichere Garantie: Arbeit war für das Funktionieren des Planeten, für die Produktion und die Nutzung der Instrumente des Profits immer lebenswichtig. All das waren Strukturen, die sie schützten.

Zum ersten Mal ist die Masse der Menschen für die kleine Zahl derer, die über die Macht verfügen und für die die Menschen außerhalb ihres kleinen Kreises nur hinsichtlich ihrer Nützlichkeit von Interesse sind (was einem täglich stärker bewußt wird), materiell nicht mehr notwendig und wirtschaftlich erst recht nicht.

Das bislang ausgeglichene Kräfteverhältnis wird zerstört. Die Menschen sind von keinem öffentlichen Nutzen mehr. Nun werden sie aber genau in Abhängigkeit von ihrem Nutzen für eine autonom gewordene Wirtschaft bewertet. Da sehen wir, wo die Gefahr droht – eine noch virtuelle, aber *schrankenlose* Gefahr.

Im Lauf der Geschichte war die *Conditio humana* schon häufig eine schlechtere als heute, das galt jedoch immer für Gesellschaften, für deren Fortbestand die Menschen unerläßlich waren, und zwar untergebene Menschen in großer Zahl.

Das ist heute nicht mehr so. Deshalb ist es heute – in der Demokratie, in einer Zeit, in der man Erfahrung mit dem Grauen hat, aber auch stärker als je zuvor die Mittel, um die sozialen Verhältnisse klar zu durchschauen – so wichtig, die unerbittliche Zurückweisung jener wahrzunehmen, die unnötig sind: Unbrauchbar für eine Marktwirtschaft, für die sie keine potentielle Quelle des Profits mehr sind – nie wieder eine sein werden.

Die tiefe Erniedrigung, in der sie gehalten werden, die Strafe, die man ihnen auferlegt und die ganz selbstverständlich scheint, die arrogante und schamlose Gewalt, die sie erdulden müssen, die Gleichgültigkeit oder Passivität der anderen (und ihrer selbst) gegenüber dem wachsenden Unglück könnten die ersten Anzeichen für bislang unbekannte Verirrungen sein, da die mißhandelten Massen nun für die Pläne jener, die sie quälen, nicht mehr nötig sind.

Das ist die Gefahr, die sie auf mehr oder weniger lange Sicht bedroht – sie aber sind sich dessen nicht bewußt und glauben, in einer ökonomischen Dynamik zu leben (die von den Tatsachen Lügen gestraft wird), in der Arbeit weiterhin die Regel darstellt und »Arbeitslosigkeit« nur eine vorübergehende Folge einer launenhaften Konjunktur. Die Tatsache, daß das Fehlen von Arbeit heute zur heimlichen Regel geworden ist, scheint den Arbeitssuchenden genau wie der Gesamtgesellschaft, den offiziellen Rednern genau wie den Gesetzgebern zu entgehen. Wenn man auch nur zaghaft darauf anspielt, ruft man zumeist eine Reihe widersprüchlicher Versprechungen hervor, die auf eine Zukunft voll emsigen Treibens verweisen, eine Zukunft, in der Löhne und Vollbeschäftigung winken –, oder man bewirkt konzertierte Aktionen, die darauf abzielen, das System, das sich selbst zerstört hat, in identischer Form wiederherzustellen.

Warum sollte man also verbissen und mit aller Kraft Anstrengung an etwas vergeuden, was nicht mehr benötigt wird? Warum sollte man auf den Begriff dessen, was sich uns entzieht oder bereits verschwunden ist, nicht verzichten, weshalb sollten wir uns von dem Begriff der Arbeit, so wie wir ihn verstehen, nicht lösen? Warum dieses Muß der Erwerbsarbeit und damit die Erfordernis für Menschen, die um jeden Preis eine eigene »Beschäftigung« brauchen, selbst um den Preis ihres eigenen Verderbens (da die Beschäftigung dabei ist, zu verschwinden) – so als könnte es keine andere Beschäftigung für ihr Leben, für das Leben schlechthin geben, als derart »benutzt« zu werden?

Warum scheint man nicht einmal in Erwägung zu ziehen, sich den Erfordernissen der Globalisierung anzupassen, indem man übt, *sich von ihr zu befreien*, anstatt sie zu erdulden? Warum sollten wir nicht zunächst *nach einem Modus der Umverteilung und des Überlebens suchen? Nach einem Modus, der nicht unbedingt auf Entlohnung für eine Beschäftigung basiert?* Warum sollte man für die »Beschäftigung« des Lebens – die Beschäftigung der gesamten Menschheit – keinen anderen Sinn suchen oder besser noch fordern als die »Beschäftigung« der Gesamtheit der Menschen durch einige wenige – um so mehr, als sich das inzwischen als unmöglich herausstellt?

Für all das gibt es mehr als genug Gründe. Nennen wir einige der wichtigsten:

Zunächst die Schwierigkeit und das Ausmaß eines solchen Unternehmens, das einer Metamorphose gleichkäme. Dann das Interesse der Wirtschaftsmächte, die Verschleierungen zu verbergen, die sie ins Werk gesetzt oder verstärkt haben, und die Illusion von der vorhandenen Arbeit, die nur vorübergehend nicht vorhanden ist, weiterzubetreiben, die Illusion eines vorübergehenden Mangels, der zwar gewiß abscheulich ist, den man aber abzukürzen vorgibt. Das ist Betrug, das ist ein Trugbild, das mit dem Ziel aufrechterhalten wird, den Einfluß auf die Masse zu erhalten, die man in einer Sackgasse hält und der Gnade der Mächtigen aussetzt. Das ist das Verlangen, das auszubeuten, was von den Resten der menschlichen Arbeit noch übrig sein kann, und dabei einen sozialen Zusammenhalt zu bewahren, den man mit dem Scheitern, der Schmach, dem kalten und verdrängten Schrecken von Massen erreicht hat, die in einem überholten und heute zerstörerischen Denken eingesperrt sind, sowie mit einer Arbeit, die es nicht mehr gibt.

Ein weiterer Grund: Die ernsthafte und allgemeine Bestürzung (die sicherlich sogar die Führer der raubtierhaften Wirtschaft kennen) über eine neue und beunruhigende Form der Zivilisation, erst recht, wenn es darum geht, die alte auf so plötzliche und radikale Weise aufzugeben, eine erfolgreiche Eingliederung zu fordern, das erforderliche Genie zu haben oder zu finden, dem es gelingen würde, auch die menschliche Natur umzuwandeln, ihre herausragendsten Kulturen, die Formen des Denkens, des Sinns, der Handlungen und der Verteilungsformen umzuwandeln und auf diese Weise das Leben der Menschen ohne Schädigungen zu bewahren. All das angesichts der Metamorphose, des Übergangs in eine neue Ära zu fordern, das ist sehr viel verlangt.

Die Menschen scheinen ungläubig und offenbar bereitwillig ihrer Ausgrenzung aus der globalisierten Wirtschaftsplanung beizuwohnen und sich zu beeilen, ihre tragische soziale Schwäche für die logische und durchaus natürliche Folge von Versäumnissen und Fehlern zu halten (wenn nicht gar für ihr Schicksal), für die sie allein verantwortlich sein und allein zahlen sollen.

Diese Resignation ist vielleicht daraus erwachsen, daß eine bestürzende, unfaßbare Entdeckung verdrängt wurde: die enttäuschende Entdeckung des einzigen wirklichen Wertes, der ihnen schon immer zugeschrieben wurde, ein Wert, der die Menschen allein auf ihren wirtschaftlichen »Ertrag« reduziert, der sich deutlich von jeder anderen Qualität unterscheidet, der sie noch *unterhalb* des Niveaus von Maschinen ansiedelt. Diese Tatsache verleiht ihnen keine Rechte – außer den mit ihrer Arbeit verbundenen –, im Zweifelsfall nicht einmal das Recht zu leben, während sich die Verhältnisse, die den Zugang zu diesen Rechten ermöglichten, in Nichts auflösen.

Dieser Rückzug entsteht auch durch das Gefühl, über keinerlei Druckmittel gegenüber einem erpresserischen Bündnis zu verfügen, das über die Macht verfügt und ihnen zu Unrecht plötzlich und auf unerklärliche Weise aufgetaucht zu sein scheint.

Es ist wie ein Schock, der an die Kraftlosigkeit der Völker erinnert, die von Menschen kolonisiert wurden, welche eine andere Stufe der Geschichte als die Eroberten erreicht hatten und deren Zivilisation aufhoben. Plötzlich waren die Werte der Eingeborenen in den Regionen, in denen sie doch gewachsen waren, in denen sie doch gestern noch verbreitet waren, überholt und wurden verhöhnt, die Menschen wurden besiegt, wurden im eigenen Land zur Exilanten. Sie unterlagen nun der neuen Macht, hatten keine Möglichkeit, auf freie, gleichberechtigte Weise in dem gewalttätig eingeführten neuen System zu leben, und hatten keinerlei Rechte mehr.

Die Eroberer dagegen eigneten sich alle Rechte über sie an. Die Eingeborenen, die nun aus ihren Lebensgewohnheiten, ihren Denk- und Glaubens- und Wissensstrukturen herausgebrochen waren, die keinerlei Bezugssystem mehr hatten und völlig niedergemacht waren, verloren schließlich die Energie und Fähigkeit (mehr noch den Wunsch), die Vorgänge zu verstehen, und erst recht die Fähigkeit, Widerstand zu leisten. Völker, die über Weisheit, Wissenschaft und über Werte verfügten, die inzwischen anerkannt sind, häufig gute Krieger, waren plötzlich in einer räuberischen fremden Gesellschaft eingesperrt, die sie ablehnte. Erstarrte, gelähmte Völker, die eine qualvolle Phase zwischen zwei Zeitaltern durchmachten, die in anderen Zeiten, in anderen Zeiträumen lebten als die Eroberer, die ihnen ihre eigene Gegenwart aufzwangen, ohne sie daran teilhaben zu lassen. Das alles geschah in ihrer Welt, an Orten, die alles waren, was sie von der Welt kannten, und die nun zum Gefängnis für sie geworden waren.

Erinnert uns das nicht an etwas?

Sind wir nicht auch Opfer eines Schocks, stecken wir nicht auch mitten in einer vertrauten Welt, die in die Gewalt einer fremden Macht geraten ist, in der Falle? In einer Welt, die in die globalisierte Gewalt des »Einheitsdenkens« geraten ist, in einer Welt, die nicht mehr nach der gleichen Uhr abläuft wie unsere, die nicht mehr unserem Rhythmus entspricht, die aber selbst den Takt angibt. Eine Welt, aus der es keine Fluchtmöglichkeit gibt, da sie vollständig von diesem Denken durchdrungen ist, eine Welt, an die wir uns jedoch klammern: Verbissen wollen wir ihre leiderfüllten Untertanen bleiben, weil wir von ihrer Schönheit, ihren Gaben, ihren Wechselbeziehungen auf immer begeistert sind. Dabei verfolgt uns die Erinnerung an die Zeit, als wir in Arbeit erstickten und noch sagen konnten: »Wir werden nicht sterben, dazu sind wir viel zu beschäftigt.«

Noch befinden wir uns erst im Stadium des Überrascht-Seins, noch erleben wir erst gewisse Phänomene des Verkümmerns. Die Tragödie ist noch nicht spektakulär. Dennoch bereiten »zivilisierte« Menschen in den Ländern, die man heute für die Blüte der Zivilisation hält, bereits den Ausschluß all jener aus dieser Zivilisation vor, die nicht mehr gut genug für sie sind. Wir wissen, daß ihre Zahl immer größer wird – und zwar in Dimensionen, die man sich nur schwer vorstellen kann. Die anderen werden zwar noch toleriert – aber die Zahl der Tolerierten wird immer kleiner, und die Tolerierung erfolgt mit immer größerer Ungeduld und unter immer härteren und immer offener brutalen Bedingungen. Auf

Alibis und Entschuldigungen wird dabei gar nicht mehr so sehr geachtet: Man hält das System für sicher. Es basiert auf dem Dogma des Profits, es steht über den Gesetzen (die es im Zweifelsfall abschafft).

Bereits heute zeigt man mit dem Finger auf die Regionen, in denen man mit Vorbehalten und so, als würde man es bedauern oder hätte ein schlechtes Gewissen, noch träge die menschlichen Bedürfnisse berücksichtigt. Diese Regionen werden von Menschen wie Gary Becker verunglimpft, werden von der Weltbank, der OECD und anderen stillschweigend getadelt – von den wilden Anhängern des »Einheitsdenkens« ganz zu schweigen, die sich (vereint mit den »dynamischen Kräften« aller Nationen) darum bemühen, jene Exzentriker zur Vernunft zu bringen. Mit Erfolg.

Welche Gegenkräfte gibt es angesichts dieses Zustands? Keine. Ungehemmt stehen der Barbarei, den Plünderungen mit Samthandschuhen alle Türen offen.

All das ist nur der Anfang. Man muß dieser Art Anfängen gegenüber jedoch sehr aufmerksam sein: Zunächst wirken sie weder kriminell noch wirklich gefährlich. Sie erfolgen mit Zustimmung ganz reizender Menschen, die gute Manieren und hochherzige Gefühle haben, die nicht einmal einer Fliege etwas zuleide tun könnten und die übrigens (wenn sie sich denn die Zeit nehmen, darüber nachzudenken) bestimmte Verhältnisse für durchaus bedauerlich, aber für leider, leider unvermeidlich halten. Sie wissen noch nicht, daß die Historie sich genau hier ereignet. Hier laufen geschichtliche Entwicklungen ab, die sie aber zu dem Zeitpunkt, wo die ersten Anfänge jener Ereignisse stattfinden, nicht wahrnehmen, die sie später aber als »unsäglich« bezeichnen werden.

Sicherlich zeichnet sich die Geschichte häufig durch

derlei Ereignisse ab (die zu ihrer Zeit nicht bemerkt beziehungsweise zensiert oder verdrängt werden). Diese Ereignisse werden später – zu spät – die erkennbaren Anzeichen sein, die man zu ihrer Zeit kaum bemerkt hat.

Man ist sich zwar nicht bewußt, was das Schicksal unserer geopferten Zeitgenossen, die für eine namenlose Masse gehalten werden, bedeutet, aber wenn sie später einmal alle daraus resultierenden Prüfungen erlitten haben werden, wenn diese sich immer ungehemmter ausbreitenden Prüfungen vielleicht eines Tages beendet sein werden, so wird man dann vielleicht doch sagen, daß sie »unsäglich« gewesen sind und »daß man sie niemals vergessen« darf. Man wird aber gar nicht vergessen können: Denn man hat ja nie etwas gewußt.

Vielleicht gibt es dann auch noch jemanden, der in der Lage ist, zu sagen: »Nie wieder.« Aber vielleicht gibt es eines Tages gar niemanden mehr, der in der Lage wäre, es auch nur zu denken.

Übertreibung? »Vorher«, wenn noch Zeit wäre, herauszufinden, ob ein verletzter Fingernagel oder ein gekrümmtes Haar oder eine Kränkung vielleicht schon die Vorboten für das Schlimmste sind, sagt sich das leicht. Wenn noch Zeit wäre herauszufinden, ob die Verbrechen *gegen* die Menschheit immer Verbrechen *der* Menschheit sind. Verbrechen, die von *ihr* verübt werden.

Unser Jahrhundert hat uns gelehrt, daß nichts andauert, auch nicht das starrste Regime. Es hat uns aber auch gelehrt, daß an Grausamkeit alles möglich ist. Die Grausamkeit kann sich heute schneller verbreiten als je zuvor. Wir wissen, daß sie mit den neuen Technologien heute über gigantische Möglichkeiten verfügt, angesichts derer die vergangenen Greuel nur schüchterne Entwürfe wären.

Wir können uns unschwer Szenarien ausmalen, die unter einem totalitären Regime möglich wären, das keine Schwierigkeiten hätte, sich zu »globalisieren«, und über Vernichtungsmittel von nie geahnter Effizienz, Weite und Schnelligkeit verfügen würde: schlüsselfertiger Völkermord.

Vielleicht würden es bestimmte Gruppen aber auch bedauern, von den menschlichen Herden nicht besser zu profitieren und sie für verschiedene Zwecke am Leben lassen. Zum Beispiel als Vorrat für Organtransplantationen. Eine menschliche Herde als Schlachtvieh, ein lebender Organvorrat, aus dem man nach Belieben und je nach Bedarf der Privilegierten schöpfen könnte.

Übertrieben? Wer von uns schreit auf, wenn er erfährt, daß es beispielsweise in Indien Arme gibt, die ihre Organe (Nieren, Augenhornhaut usw.) verkaufen, um eine Zeitlang ihren Lebensunterhalt zu sichern? Das ist bekannt. Und es gibt Abnehmer, das ist auch bekannt. Das findet heute statt. Dieser Handel existiert, und aus den reichsten, »zivilisiertesten« Regionen kommt man her und macht seine Besorgungen – zu niedrigen Preisen. Es ist bekannt, daß es andere Länder gibt, in denen Organe gestohlen werden – durch Entführung und Mord – und daß es eine Kundschaft gibt. Das ist bekannt. Wer außer den Opfern schreit hier auf? Wo bleibt der Widerstand gegen den Sextourismus? Nur die Verbraucher reagieren: Sie stürzen sich darauf. Auch das ist bekannt. Weniger die Begleiterscheinungen, etwa der Handel mit menschlichen Organen oder der Sextourismus, sollten bekämpft werden als das eigentliche Phänomen, das deren Ursache darstellt: die Armut, von der wir (wiederholen wir es noch einmal) wissen, daß sie die Armen dazu bringt, sich zugunsten der Besitzenden verstümmeln zu lassen, nur um noch eine Weile zu überleben. Das wird stillschweigend hingenommen. Und wir befinden uns in einer Demokratie, wir sind frei und zahlreich. Wer rührt sich, außer um die Zeitung beiseite zu legen, den Fernseher abzuschalten – gefügig dem Befehl gehorchend, vertrauensvoll, heiter, verspielt und einfältig zu bleiben (wenn man nicht bereits zu den Versteckten, Besiegten und Beschämten gehört), während der ökonomische Terror im Zuge einer allgemeinen Umwandlung zugleich immer größer wird, unterbrochen nur von dem Geplapper, das zu heilen verspricht, was bereits tot ist?

In jeder Rede wird uns mehr »Beschäftigung« angekündigt, der angekündigte Zustand tritt jedoch nicht ein, ja er wird nie eintreten. Redner und Zuhörer, Kandidaten und Wähler, Politiker und Publikum wissen es alle, sie haben sich um diese Zauberformeln geschart und miteinander verbündet, um aus den verschiedensten Gründen dieses Wissen zu vergessen und zu leugnen.

Diese Haltung, die der Verzweiflung durch Lügen, Tarnung und irrsinnige Fluchten zu entgehen sucht, ist verzweifelt und entmutigend. Das Risiko der Klarheit einzugehen, das Risiko einzugehen, die Dinge zunächst einmal nur festzustellen, ist jedoch (auch wenn es zu einer gewissen Verzweiflung führt) das einzige Verhalten, das unsere Zukunft schützt, indem es sich der Gegenwart stellt. Es schafft die Stärke, noch zu denken und zu sprechen, bevor es zu spät ist, zu versuchen, hellsichtig zu sein, zumindest mit einer gewissen Würde zu leben, mit einer gewissen »Intelligenz«, und nicht in Schmach und Furcht zu leben, sich in einer Falle zu verbergen, aus der es kein Entrinnen geben kann.

Angst vor der Angst zu haben, Angst vor der Verzweiflung zu haben bedeutet, den Erpressungen, die wir nur zu gut kennen, den Weg zu ebnen.

Alle diese Reden, die die wahren Probleme nur streifen, sie fälschen und lenken die allgemeine Aufmerksamkeit auf andere, künstliche Probleme um, all die Reden, die endlos dieselben unhaltbaren Versprechen wiederholen, diese Reden halten nostalgisch am Vergangenen fest und wiederholen endlos die nostalgischen Vorstellungen, die sie ins Spiel bringen. Diese Reden sind verzweifelt, sie wagen es nicht einmal mehr, das Risiko der Verzweiflung einzugehen, die doch die einzige Chance darstellt, unsere Fähigkeit zu kämpfen wiederzubeleben. Sie hindern uns auch daran, uns die Trauer über das untergegangene System so schwer zu machen, wie die Entlohnung, die uns einschätzte, die Daten, die die Leere der Zeit strukturierten: Arbeitszeiten, Urlaub, Pensionierung – solide und eingrenzende Zeitstrukturen, die in der Geborgenheit der Gruppe häufig die Illusion vermittelten, die Zeit anzufüllen und damit vor dem Tod zu schützen.

Diese Reden arbeiten den populistischen, autoritären Parteien in die Hände, die es immer verstehen werden, mehr und besser zu lügen. Genau nachzudenken, auszusprechen, wovor sich jeder fürchtet (aber unter dessen Verschweigen er leidet), wäre die einzige Chance, noch ein wenig Vertrauen zu schaffen.

Es geht hier nicht darum, etwas zu bejammern, was es nicht mehr gibt, die Gegenwart wieder und wieder zu leugnen*. Es geht nicht darum, die Globalisierung abzu-

* Es geht auch nicht darum, die Flickschustereien, die die sogenannte »Arbeitslosigkeit« ein klein wenig verringern sollen, zu verschweigen oder zu leugnen. Auch das geringste Resultat, das irgend jemandem hilft, ist dafür viel zu kostbar – allerdings nur, wenn man es für das ausgibt, was es ist, und es nicht dazu verwendet, den Betrug zu bemänteln und die Betäubung andauern zu lassen.

streiten, die Entwicklung der neuen Technologien abzulehnen – das sind Tatsachen, und sie hätten auch für andere mitreißend sein können als nur für die »dynamischen Kräfte«. *Im Gegenteil*, es geht darum, sie wirklich anzuerkennen, sich mit ihnen auseinanderzusetzen. Es geht darum, sich der Kolonialisierung zu entledigen und die Dinge klar sehen zu können. Es geht darum, die wirtschaftlichen und politischen Analysen, die diese Tatsachen nur streifen, die sie nur als Bedrohungsfaktoren empfinden und daher brutale Maßnahmen ergreifen, die die Lage noch verschlimmern, wenn man sie nicht brav über sich ergehen läßt, nicht mehr einfach so hinzunehmen.

Diese Analysen und Berichte, die keinen Widerspruch dulden, vermitteln, daß die Moderne allein den Führungsschichten vorbehalten ist, daß sie nur für die Marktwirtschaft gilt und nur in den Händen der Entscheidungsträger wirksam ist. Alle anderen müssen leben wie früher, in einer Art Historienspektakel, bei dem die Gegenwart keine Rolle spielt und einem auch keine zuteilt und bei dem man auf ein nicht mehr gültiges System verwiesen wird und verurteilt ist.

Angesichts dieser Verhältnisse ist es doch seltsam, daß nie daran gedacht wird, das Fehlen der Erwerbsarbeit zur *Grundlage* von Zukunftsüberlegungen zu machen, anstatt so viel unfruchtbares und gefährliches Leid hervorzurufen, indem man ihr Fehlen leugnet und als einfaches Zwischenspiel darstellt, das man ignoriert oder auszugleichen, vielleicht sogar zu unterdrücken vorgibt. Der Zeitraum dafür ist unbegrenzt, er wird ständig verlängert, während sich unterdessen Unglück und Gefahr ausbreiten.

Das verspricht weitere Schreckbilder, die es möglich

machen, immer weiter auszubeuten, solange noch Zeit ist, beziehungsweise eine immer größer werdende Masse auszubooten, die der Mangel an Erwerbsarbeit auf die Rolle von Sklaven reduziert (wenn das nicht bereits der Fall ist) oder sogar zum Verschwinden bringt, ihre Vernichtung betreibt.

Wäre es nicht sinnvoller, das Leben derer, die angesichts des bald generellen Mangels an Arbeit oder vielmehr der Beschäftigung als ausgeschlossen, vielleicht als überflüssig betrachtet werden, auf anderen Wegen angemessener und lebbarer zu gestalten – und zwar *heute*? Anstatt unter diesen desaströsen Bedingungen die Ergebnisse der Versprechungen abzuwarten, die sich nicht einstellen werden, anstatt vergeblich inmitten des Elends die Rückkehr der Arbeit, die Rückkehr der Beschäftigung zu erwarten? Es bleibt kaum noch Zeit, dieses Leben im Elend, unser Leben in seinem eigentlichen, wirklichen Sinn zu gestalten: im Sinn von Würde und Recht. Es bleibt kaum noch Zeit, die fast schon Ausgeschlossenen der Willkür derer zu entreißen, die sie verhöhnen.

Wäre es nicht sinnvoller, statt Mitleid (das so vage, so leicht zu verkünden und so selbstzufrieden ist und bei dem gleichzeitig jede Form von Strafe möglich ist) ein kühnes, kompromißlos strenges Gefühl ihnen gegenüber zu erhoffen, nämlich Respekt?

Literatur

Adret, Travailler deux heures par jour, Paris, 1979
Albert, Michel, Kapitalismus contra Kapitalismus, Düsseldorf 1992
Alvi, Geminello, Le Siècle américain en Europe (1916–1933), Paris 1995
André, Catherine, Sicot, Dominique, Le Chômage dans les pays industrialisés, Paris 1991
Arendt, Hannah, Elemente und Ursprünge totaler Herrschaft. Antisemitismus, Imperialismus, Totalitarismus, 4. Aufl., München 1995
Arendt, Hannah, Vita activa oder Vom tätigen Leben, 7. Aufl., München 1994
Attali, Jacques, Les Trois Mondes, Paris 1981
Attali, Jacques, Millennium. Gewinner und Verlierer in der kommenden Weltordnung, Düsseldorf 1992

Balandier, Georges, Pour en finir avec le XXe siècle, Paris 1991
Bandt, Jacques de, Dejours, Christophe, Dubar, Claude, La France malade du travail, Paris 1995
Baudrillard, Jean, Die fatalen Strategien, Nachw. v. Oswald Wiener, München 1991
Baudrillard, Jean, Le Crime parfait, Paris 1995
Bernard, Philippe, L'Immigration, Paris 1994
Bernoux, Philippe, La Sociologie des entreprises, Paris 1995
Bidet, Jacques, Texier, Jacques (Hg.), La Crise du travail, Paris 1995
Bihr, Alain, Pfefferkorn, Roland, Déchiffrer les inégalités, Paris 1995
Boissonnat, Jean, Le Travail dans 20 ans, Paris 1995
Bourdieu, Pierre, La Misère du monde, Paris 1993

Bourguignat, Henri, La Tyrannie des marchés, essai sur l'économie virtuelle, Paris 1995
Brie, Christian de, »Au carnaval des prédateurs«, Le Monde diplomatique, März 1995
Brisset, Claire (Hg.), Pauvretés, Paris 1996
Burguière, André, Revel, Jacques (Hg.), Histoire de la France, Paris 1989

Camus, Renaud, Qu'il n'y a pas de problème de l'emploi, Paris 1994
Cassen, Bernard, »Chômage, des illusions au bricolage«, Le Monde diplomatique, Oktober 1995
Castel, Robert, Les Métamorphoses de la question sociale: une chronique du salariat, Paris 1995
Castro, Josué de, Géographie de la faim, Paris 1961
Chanchabi, Brahim, Chanchabi, Hedi, Spire, Juliette Wasserman, Rassemblance, Un siècle d'immigration en Île-de-France, Aidda, CDRII, Écomusée de Fresnes, 1993
Charlot, Bernard, Bartier, Élisabeth, Roche Jean-Yves, École et savoirs dans les banlieues de Paris, Paris 1992
Chatagner, François, La Protection sociale, Paris 1993
Chauvin, Michel, Tiers monde, la fin des idées reçues, Paris 1991
Chesnais, François, La Mondialisation du capital, Paris 1994
Chossudovsky, Michel, »Sous la coupe de la dette«, Le Monde diplomatique, Juli 1995
Clerc, Denis, Lipietz, Alain, Satre-Buisson, Joël, La Crise, Paris 1985
Closets, François de (Hg.), LePari de la responsabilité, Paris 1989
Closets, François de, Le Bonheur d'apprendre et comment on l'assassine, Paris 1996
Colombani, Jean-Marie, La Gauche survivra-t-elle au socialisme?, Paris 1994
Cotta, Alain, L'Homme au travail, Paris 1987
Cotta, Alain, Le Capitalisme dans tous ses états, Paris 1991
Courtieu, Guy, L'Entreprise, société féodale, Paris 1975

Daniel, Jean, Voyage au bout de la nation, Paris 1995
Debray, Régis, »Voltaire verhaftet man nicht!« Die Intellektuellen und die Macht in Frankreich, Köln 1981
Debray, Régis, L'État séducteur: les révolutions médiologiques du pouvoir, Paris 1993
Decornoy, Jacques, »Travail, capital … pour qui chantent les lendemains«, Le Monde diplomatique, September 1995
Defalvard, Hervé (Hg.), Essai sur le marché, Paris 1995
Derrida, Jacques, Marx' Gespenster, Frankfurt/M. 1995
Desanti, Jean-Toussaint, Le Philosophe et les pouvoirs, Paris 1976
Dubet, François, Lapeyronnie, Didier, Im Aus der Vorstädte. Der Zerfall der demokratischen Gesellschaft, Stuttgart 1994
Duby, Georges, An 1000, An 2000, sur les traces de nos peurs, Paris 1995
Duhamel, Alain, Les Peurs françaises, Paris 1993
Dumont, Louis, Homo aequalis: genèse et épanouissement de l'idéologie économique, Paris 1985

Esprit, »L'Avenir du travail«, August-September 1995
Ewald, François, Der Versorgestaat. Nachw. v. Ulrich Beck, Frankfurt/M. 1993
Ezine, Jean-Louis, Du train où vont les jours, Paris 1991

Faye, Jean-Pierre, Langages totalitaires: la raison critique de l'économie narrative, Paris 1980
Field, Michel, Jours de manifs, Paris 1996
Finkielkraut, Alain, Die Niederlage des Denkens, 5. Aufl., Reinbek bei Hamburg 1989
Fitoussi, Jean-Paul, Le Débat interdit: monnaie, Europe, pauvreté, Paris 1995
Fitoussi, Jean-Paul, Rosenvallon, Pierre, Le Nouvel Age des inégalités, Paris 1996
Forrester, Viviane, La Violence du calme, Paris 1980
Forrester, Viviane, Van Gogh ou l'enterrement dans les blés, Paris 1983
Forrester, Viviane, Ce soir, après la guerre, Paris 1992

Fretillet, Jean-Paul, Veglio, Catherine, Le GATT démystifié, Paris 1994
Friedmann, Georges, Où va le travail humain?, Paris 1967
Furet, François, Das Ende der Illusion, München 1996

Galéano, Eduardo, »Vers une société de l'incommunication«, Le Monde diplomatique, Januar 1996
Gauchet, Marcel, Le Désenchantement du monde, une histoire politique de la religion, Paris 1985
Gauchet, Marcel, La Révolution des droits de l'homme, Paris 1989
George, Susan, Sabelli, Fabrizio, Kredit und Dogma, Ideologie und Macht der Weltbank, Hamburg 1995
Gorz, André, Kritik der ökonomischen Vernunft, Sinnfragen am Ende der Arbeitsgesellschaft, Berlin 1994
Groupe de Lisbonne, Limites à la compétitivité, Paris 1995
Guetta, Bernard, Géopolitique, Paris 1995
Guillebaud, Jean-Claude, La Trahison des lumières, Paris 1995

Halimi, Serge, »Les Chantiers de la démolition sociale«, Le Monde diplomatique, Juli 1994
Hassoun, Martine, Rey, Frédéric, Les Coulisses de l'emploi, Paris 1995
Henry, Michel, Die Barbarei. Eine phänomenologische Kulturkritik, Freiburg/Br. 1994

Iribarne, Philippe d', La Logique de l'honneur. Gestion des entreprises et traditions nationales, Paris 1989
Iribarne, Philippe, d', Le Chômage paradoxal, 1990

Jalée, Pierre, Le Pillage du tiers monde, Paris 1961
Jeanneney, Jean-Marcel, Vouloir l'emploi, Paris 1994
Jeanneney, Jean-Noël, Écoute la France qui gronde, Paris 1996
Jues, Jean-Paul, La Rémunération globale des salaires, Paris 1995
Julien, Claude, »Capitalisme, libre échange et pseudo diplomatie: un monde à vau-l'eau«, Le Monde diplomatique, September 1995

Julliard, Jacques, Autonomie ouvrière, Études sur le syndicalisme d'action directe, Paris 1988
Julliard, Jacques, Ce fascisme qui vient ..., Paris 1994

Kahn, Jean-François, La Pensée unique, Paris 1995
Keynes, John Maynard, Allgemeine Theorie der Beschäftigung, des Zinses und des Geldes, 7. Aufl., Berlin 1994

Labbens, Jean, Sociologie de la pauvreté, Paris 1978
Lafargue, Paul, Das Recht auf Faulheit und andere Satiren, Berlin 1991
Le Débat, »L'État-providence dans la tourmente. Repenser la lutte contre le chômage?«, Nr. 89, März/April 1996
Le Goff, Jean Pierre, Le Mythe de l'entreprise, Paris 1992
Le Goff, Jean-Pierre, Caillé, Alain, Le Tournant de décembre, Paris 1996
Lesourne, Jacques, Vérités et mensonges sur le chômage, Paris 1995
Lévy, Bernard-Henri, L'Ideologie française, Paris 1981
Lévy, Bernard-Henri, Gefährliche Reinheit, Wien 1995

Magazine littéraire, »Les exclus«, Nr. 334
Mamou-Mani, Alain, Au-delà du profit, Paris 1995
Manent, Pierre, Histoire intellectuelle du libéralisme, Paris 1987
Manière de voir, Nr. 28, »Les nouveaux maîtres du monde«, Le Monde diplomatique, 1995
Mazel, Olivier, Les Chômages, Paris 1993
Méda, Dominique, Le Travail en voie de disparition, Paris 1995
Ménanteau, Jean, Les Banlieues, Paris 1994
Mignot-Lefebvre, Yvonne, Lefebvre, Michel, Les Patrimoines du futur, Paris 1995
Minc, Alain, L'Argent fou, Paris 1990
Minc, Alain, L'Ivresse démocratique, Paris 1984
Morin, Edgar, L'Esprit du temps, Paris 1983

Nora, Pierre (hg.), Les Lieux de mémoire, Paris 1984
Norel, Philippe, Les Banques face aux pays endettés, Paris 1990

Norel, Philippe, Saint-Alary, Éric, L'Endettement du tiers monde, Paris 1988

OCDE, Étude sur l'emploi, Faits, analyse, stratégies, 1994
OCDE, Étude sur l'emploi, Fiscalité, emploi, chômage, 1995
OCDE, Étude sur l'emploi, La mise en œuvre des stratégies, 1995

Paugam, Serge (Hg.), L'Exclusion: l'état des savoirs, Paris 1996
Perret, Bernard, L'Avenir du travail, Paris 1995
Perrin-Martin, J.-P. (Hg.), La Rétention, Paris 1996
Petrella, Riccardo, »Le retour des conquérants«, Le Monde diplomatique, März 1995
Phelps, Edmund S., Économie politique, Paris 1990
Piot, Olivier, Finance et économie, la fracture, Paris 1995
Plenel, Edwy, La République menacée, dix ans d'effet Le Pen, 1982–1992, Paris 1992
Poirot-Delpech, Bertrand, Diagonales, Paris 1995
Polany, Karl, The Great Transformation. Politische und ökonomische Ursprünge von Gesellschaften und Wirtschaftssystemen, Frankfurt/M. 1978
Pol Droit, Roger, L'Avenir aujourd'hui dépend-il de nous?, Paris 1995

Ramonet, Ignacio, »Pouvoirs fin de siècle«, Le Monde diplomatique, März 1995
Rancière, Jacques, La Mésentente (politique et philosophie), Paris 1987
Reich, Robert B., Die neue Weltwirtschaft. Das Ende der nationalen Ökonomie, Berlin 1993
Revel, Jean-François, Le Regain démocratique, Paris 1992
Rifkin, Jeremy, Das Ende der Arbeit und ihre Zukunft, Frankfurt/M. 1995
Rigaudiat, Jacques, Réduire le temps de travail, Paris 1993
Rosenvallon, Pierre, La Nouvelle Question sociale, Paris 1995
Rousselet, Jean, L'Allergie au travail, Paris 1978

Rousselet, Micheline, Les Tiers-Mondes, Paris 1994
Roustang, Guy, Laville, Jean-Louis, Eme, Bernard, Mothé, Daniel, Perret, Bernard, Vers un nouveau contrat social, Paris 1996

Séguin, Philippe, En attendant l'emploi …, Paris 1996
Suleiman, Ezra N., Les Raisons cachées de la réussite française, Paris 1995
Sullerot, Évelyne, L'Age de travailler, Paris 1986
Supiot, Alain, Critique du droit du travail, Paris 1994

Thuillier, Pierre, La Grande Implosion, Paris 1995
Todd, Emmanuel, Le Destin des immigrés: assimilation et ségrégation dans les démocraties occidentales, Paris 1994
Toffler, Alvin, Machtbeben. Der globale Vorstoß der Informationseliten, Düsseldorf 1993
Topalov, Christian, Naissance du chômeur (1880–1910), Paris 1994
Touraine, Alain, Production de la société, Paris 1973
Touraine, Alain, Critique de la modernité, Paris 1992
Touraine, Alain, Qu'est-ce que la démocratie?, Paris 1994
Touraine, Alain, Dubet, François, Lapeyronnie, Didier, Khoskhavar, Farhad, Wieviorka, Michel, Le Grand Refus, Réflexions sur la grève de décembre 1995, Paris 1996
Tribalat, Michèle (mit Simon, Patrick, Riandey, Benoît), De l'immigration à l'assimilation, Paris 1996

Vaillant, Emmanuel, L'Immigration, Mailand 1996
Vetz, Pierre, Mondialisation des villes et des territoires, l'économie d'archipel, Paris 1996
Virilio, Paul, Cybermonde, la politique du pire, entretiens avec Philippe Petit, Paris 1996
Voyer, Jean-Pierre, Une enquête sur la nature et les causes de la misère des gens, Paris 1976

Warde, Ibrahim, »La Dérive des nouveaux produits financiers«, Le Monde diplomatique, Juli 1994

Wiener, Norbert, Kybernetik: Regelung und Nachrichtenübertragung im Lebewesen und in der Maschine, Düsseldorf 1963
Wiener, Norbert, Mensch und Menschmaschine: Kybernetik und Gesellschaft, Frankfurt/M. ⁴1976
Wuhl, Simon, Les Exclus face à l'emploi, Paris 1992